HSU

INTRODUCTION TO
ECONOMICS OF HOPE

希望の経済学入門

生きていくための戦いに勝つ

大川隆法
RYUHO OKAWA

まえがき

私は空理空論は好まない。また、政府が助けにくるのをひたすら待っているような、「補助金経済学」になど関心はない。

問題の焦点は常に、「あなたに今、何ができるか」「あなたの店に今、何ができるか」「あなたの会社はどうしたら生き返るか」である。

本書にはそのヒント集が満載されている。

人生は厳しい。不況期には現状維持は「即クビ」であり、「即倒産」である。

徹底的に、お客様第一主義に徹した仕事をしているか、お客様のクレーム処理を「錬金術《れんきんじゅつ》」に変える方法を心得ているかである。仕事が進まなくなったら、不要なものを処分し、未決案件を片づけ、現在ただ今の最重要課題に取り組むことである。

どんな時代にも希望はある。そのための一冊が本書である。

二〇一四年　九月二十六日

幸福《こうふく》の科学《かがく》グループ創始者兼総裁《そうししゃけんそうさい》
幸福《こうふく》の科学大学創立者《かがくだいがくそうりつしゃ》　大川隆法《おおかわりゅうほう》

希望の経済学入門　目次

まえがき　3

希望の経済学入門
――生きていくための戦いに勝つ――

二〇一四年九月二十日　説法《せっぽう》
東京都・幸福の科学　教祖殿《きょうそでん》　大悟館《たいごかん》にて

5　長く成功し続けるための戦い方　99

希望の経済学入門

――生きていくための戦いに勝つ――

二〇一四年九月二十日　説法《せっぽう》

東京都・幸福の科学　教祖殿《きょうそでん》　大悟館《たいごかん》にて

1　幸福の科学的観点から「希望の経済学」を考える

世の中の「希望学」の背景にはマルクス主義的発想がある

「幸福の科学『大学シリーズ』」等で、「幸福」に関することを、いろいろと説いてきました。そのなかには、「幸福の経済学」につながっていくものもあると思うのですが、もう一つ、世の中には、「希望学」や「希望の経済学」とか、「希望の哲学《てつがく》」「希望の原理」など、「希望」という言葉が書名につく一群の書籍《しょせき》があることが分かりました。

「当然、似たようなものを目指しているのだろう」と私は思っていたのですが、読んでみると、どれもこれも、「あれ、何か違《ちが》うな」という気がしました。

「どこが違うのかな」と思ったのですが、この「希望学」や、「希望の〇〇」とつく本は、どうも「マルクス主義経済学」のほうに関係があるようです。書いた学者には、マルクス系の哲学者や経済学者が多いらしいのです。

東大の社会科学研究所の教授たちが、「希望学」というものを立ち上げているので、「どんなものかな」と思って、それに関する本を読んでみました。

この社会科学研究所は、基本的には、大学での授業を受け持っていない先生方（大学院教育の一部は担当）が、研究だけをして給料をもらっているところであり、予備軍です。研究者をプール（ためる）しているところなのです。

そういう人たちが経済学で何かつくろうとして、「希望の経済学」的なものを探しているのですが、読んでいて、「どうもおかしいな」と思ったら、マルクス経済学の延長をやっているらしいということが分かりました。ＮＨＫがテレビ番組でよく言う、「ワーキングプア」的なものに注目しているのです。

「はたらけど　はたらけど猶《なお》　わが生活《くらし》　楽にならざり　ぢっと手を見る」（石川《いしかわ》啄木《たくぼく》）という感じの世界に生きている人たちが、今、比率的に増えているので、「これをどうするか」という観点から議論して、「政府の採るべき政策は、いかに」というようなことを、あれこれと議論しているような感じだったため、「なるほど。これが〝希望〟か」と思いました。

数年前、日比谷《ひびや》公園に「年越《としこ》し派遣村《はけんむら》」というものができ、テントを張って炊《た》き出しをやっていたりする、昔懐《なつ》かしい風景があったのですが、「希望」の反対には「絶望」があるのでしょう。そのため、「絶望からの脱出《だっしゅつ》が希望だ」という考えでしょうか。

「最低限の生活を確保し、少しは人間らしい生活になるには、どうしたらよいか」という発想が、この背景にはあると思われるのです。

「希望」を成功学的に考える幸福の科学

このへんについては、幸福の科学の教えがまだ十分に厚くないのは事実かもしれません。

当会は、どちらかといえば、このマルクス主義的なものの考え方を切って、「成功学」的なほうに持っていきます。当会の教えには、「どうやったら成功できるか。大きくなれるか。収入がものすごく大きくなるか。お金持ちになれるか。社長になれるか。会社が大きくなるか。才能を磨《みが》き出して成功できるか」というポジティブ（肯定的《こうてい》）なものが非常に多いのです。

ところが、「世の中には、『希望』という言葉が、実は『マイナスからの出発』を意味しているものが多いらしい」ということが、最近、分かってきたわけです。「希望」には、そういう意味もあるので、一般《いっぱん》には、マルクス主義的な観点から、政府批判を伴《ともな》いつつ、「生活していけない人たちが、どうやったら生活できるか」というような感じの議論をするのが、「希望の経済学」なのでしょう。

しかし、これは、私にとって、どちらかといえば、あまり好きな考え方ではないので、「同じような経済レベルのなかにあっても、少し違った観点から、戦い方がないかどうか」ということを、今回は考えてみたいと思います。

散歩の途中《とちゅう》で見た、店舗《てんぽ》間の厳しい〝生存競争〟

先ほど、昼前に少し散歩をしていたのですが、散歩中、大きな繁華街《はんかがい》の通りに面していて、前に立ち寄って食事をしたことのあるお店が、もう休店になっているのを見て、「あれ？　また潰《つぶ》れたか」と感じました。そこはイタリアンだったのですが、潰れていたのです。

以前、オープンしたあと、一生懸命《いっしょうけんめい》、チケットを配っていたフランス料理店は、もうハワイアンに替《か》わっていますし、喫茶店《きっさてん》が潰れて、お菓子屋《かしや》になっていたり、新しく、小さい喫茶店ができたりしています。

また、道を歩いていて、コンビニを覗《のぞ》いてみたら、「セルフ式のドリップコーヒー」を提供していました。

この「コンビニコーヒー」は百円ぐらいなので、これからの「消費税上げ」をにらんで、安い価格帯のほうにお客がシフトしてくるのを読んでいるのだと思われますが、喫茶店がたくさんある辺りで「コンビニコーヒー」を売り、椅子《いす》を二、三個置いてあるのです。

喫茶店感覚までは行きませんが、座《すわ》って飲める場所をコンビニの店内につくっているのを見て、「これでは、喫茶店はけっこう厳しいな」と思いました。今、競争したら、価格的には、だいたい三分の一ぐらいになるので、座って飲める椅子を一個置かれただけでも、十分、危機です。

横を歩いていた家内《かない》が、コンビニの店内を見て、「あ、コンビニに椅子がある。喫茶店、危《あや》うし」と言っていたので、「ああ、そうか。では、近くの喫茶店のどこかが、弱いところから潰れていくのだな」と思ったのです。

世の中は実に怖《こわ》いものです。

ミクロの目で、この「生存競争」を見れば、昆虫《こんちゅう》の世界によく似た世界があるかと思います。獲物《えもの》を狙《ねら》っているものがいて、さらに、それを狙っているものもいるのです。「カマキリが昆虫を狙っていると、そのカマキリを鳥が狙っている」という感じで、いろいろなものが狙っている世界があるのだなと思っています。

リストラから自分を護《まも》り、職場を護るために

今日の法話《ほうわ》で念頭に置いておくのは、いちおう、次のような人たちです。

会社にまだ勤めているものの、「リストラ対象要員」としてカウントされ始め

ている方。給料が同年齢《ねんれい》比で見てかなり低くなり、危なくなってきている方。あるいは、会社そのものが潰れかかっているところに勤めている方。お店であれば、赤字のお店、「いつまでもつか、外の景気次第《しだい》」というような感じでやっているお店。

あるいは、小さな会社で、赤字が出ており、潰れる可能性が高いところ。さらには、もうすでに潰れた会社の社員、潰れたお店の店員。こういう、生活の十分なバックアップが期待できない方々のあたりの層を狙っての話です。

これも大事なのではないかと思うのです。大きな成功、十倍、百倍、千倍と伸《の》びていく成功も大事ですが、数は少なくなります。

具体的には、今の職場が護《まも》れることも、すごく大事なことですし、できれば、

その職場で二割ぐらいでも収入が増えるようになったら、幸福感はそこそこある
だろうとは思うので、「そういう戦い方ができないかどうか」を考えていきたい
と思います。

2　政府に頼《たよ》らず、「個々の戦い」に勝っていく

家計を直撃《ちょくげき》する「消費税上げ」と「円安による物価上昇《じょうしょう》」

政府は「消費税上げ」の構えを十分に取っていますが、現実に消費税率を二〇一四年四月に上げてから、四～六月期の三カ月で反動が出て、実質ＧＤＰ（国内総生産）は年率換算《かんさん》で「マイナス七・一パーセント」です。

七～九月期で少し持ち直すかどうか、分かりません。上げる前の「駆《か》け込《こ》み需《じゅ》要《よう》」でプラスが出たので、これが戻《もど》ってきて調整されるかどうか、まだ、やや先行き不透明《ふとうめい》ですが、このなかで、政府が、次の値上げとして消費税率を八パーセントから十パーセントに上げ、これで終わらせず、まだまだ上げるつもりでいる

のは分かっています。

そういう状況《じょうきょう》下で、同時に「円安」も進めています。かつては一ドル七十円台ぐらいだったのですが、今は、百八円とか、そのあたりをうろうろしています（注。この説法《せっぽう》の二日前である九月十八日に一ドルが百八円台となった）。

これだと、その消費税上げよりも、もっとインパクトは大きいのです。一ドルの輸入物を、以前は七十円台で買えたのが、今は百十円で買うとなると、これは、値段が何十パーセントも上がったのと同じです。ですから、「値段が何十パーセントも上がって、さらに消費税率も上がる」ということなので、けっこう厳しいのです。

過去の十数年で一世帯当たりの「平均所得」は減っている

それでは、「収入はどうか」ということですが、マクロで見ると、だいたい下がっています。私が見た資料では、一九九七年あたりから十五年ぐらい、一世帯当たりの「平均所得」は減っているのです。

円高で国内の人件費が高くなり、工場がそうとう海外に移転したので、海外のほうにはお金が落ちたのですが、これが国内の失業者を増やしました。

さらに、今度は円安になって、海外でつくったものを高い値段で輸入するようになると、これもまた不況《ふきょう》を生み、〝不幸要因〟になります。

円安であれば、一般《いっぱん》には輸出業界が楽になります。値段が一ドルのものであれば、一ドルが百円だと百円の収入になりますが、円安になり百十円で売れるようになると、売上が上がり、同じもので十円余分に収入があります。買うほうでは同じく一ドルですが、入ってくるお金のほうは増えるため、円安になると、輸出は以前より儲《もう》かることになっているのです。

ただ、「今、輸出はＧＤＰ全体の十パーセントぐらいしかない」と言われており、かつての「輸出立国・日本」の時代ではありません。輸入も増えていますし、「消費が、ＧＤＰ全体の六割前後ある」ということなので、消費税上げや輸入品の値段が上がっていることの影響《えいきょう》は大きいでしょう。

　石炭を入れるかどうか分かりませんが、石油や天然ガス等の輸入価格が上昇《じょうしょう》しているのに、原発がまだ十分に稼働《かどう》していないため、発電コストが上がり、電気料金も上がっています。

「輸入する商品の値段が上がり、電気料金も上がっていて、さらに消費税率も上がる。しかし、賃金は上がらない」ということであったら、実質上の生活感は、どうなるでしょうか。これを計算するのは、かなり難しいので、個々の人の感覚によるのではないかと思います。

　電気を止められたり、水道を止められたりしている家も、一部、出ているので、そういう意味では、「ワーキングプア」というものが現実にあるのも事実だろうと思います。

会社を辞《や》めた方や、子持ちで離婚《りこん》し、元夫には子供の養育費等を送金する余裕《よゆう》がない方などで、生活が成り立たず、生活保護を受けている方もいます。

そういうこともあって、教育のほうでは、国公立の小中学校、高校まで無料化しようとしたりしています。「大学も無料化しようと考えている」という説も、一部あることはありますが、大きな額になるので、政府の財政赤字を見れば、これは、かなり厳しい話ではありましょう。

「中高一貫《いっかん》校」で大学受験が楽になるとは限らない

私の見た範囲《はんい》では、都市部でも、なぜか知りませんが、いつの間にか、「小中一貫《いっかん》校」のようなものが建《た》ち始めています。少なく見ても何十億円かかるはずですが、そういうものを新しく建てているのです。

ゼネコンには〝お金が落ちる〟ので、その意味では、景気浮揚《ふよう》策になりますし、失業対策になることも事実なのですが、数十億円かけて建てても、そこに通うほうはタダ同然なので（公立の場合）、教員も、給料はもらっているけれども、収入はない状態で、その何十億円かで建てたところに勤めるわけです。

「うーん。それでいいのかなあ」と思っていたら、私の田舎《いなか》でも、中高一貫校を建て直したりしています。

「中高一貫校を田舎でつくったら、どうなるか」ということを、私は想像してみるのです。

普通《ふつう》は、高校受験があるので、中学の部活動に関しては、どこかの時点で引き揚《あ》げなくてはならず、田舎でも、中三の一学期ぐらいで部活はやめ、夏ぐらいから受験勉強に入ります。

それが普通だったのですが、中高一貫校をつくると、中高ぶち抜《ぬ》きで部活ができるようになります。そうなると、大学受験に影響はないでしょうか。「都市部の私立の進学校とは違《ちが》うので、かたちだけまねをしても、かなり厳しいのではないか」「大学入試に受からなくなるのではないか」と思うので、結局、楽になるかどうかは分からないのです。

最終的には「個人」や「会社」の戦いになる

いろいろなことが、いろいろなところで、バラバラに行われているわけですが、制度をいくらいじっても、うまくいかないことはあります。

もちろん、大きな枠組《わくぐ》みで考えて、「どうなるか」という予想がつくものもあります。

例えば、法科大学院をつくるときには、「司法試験の年間合格者を五百人から三千人にする」と言われましたが、「人数が六倍になるので、訴訟《そしょう》の数が六倍にならなければ、一人当たりの収入は減るだろう」ということは想像がつくものではありました。しかし、訴訟社会のアメリカではないので、訴訟数は六倍にはなってくれません。

ですから、法科大学院は、今はランク分けされており、レベルの低いところは潰《つぶ》れかかってきつつあるような気がします。

「制度の改革」は、このように難しいのです。

中央や役所の部分で考えて、「こうやったら、システムがうまくいき、経済も好循環《じゅんかん》で回るだろう」と思っても、不思議なことに、だいたい、その逆になっていきます。マルクス経済学がそうです。

また、ケインズなどによる、今の財政出動型の経済学、すなわち、「政府が予算を組んで公共投資を行い、失業対策をすれば、景気が持ち直す」という経済学が、いまだに生きており、これが長らく勝《か》っていましたが、近年は、「中央統制経済は、だいたい全部、基本的には失敗するのだ」という、ハイエク風の考え方が強くなっています。

これは、理想主義者やエリート主義者、「自分たちの頭で世の中を変えていける」と思っている、「理想的ユートピアン」たちにとっては、非常に悲しいことでしょう。

高等教育を受け、海外に留学したり、大学院まで出たりしている人などは、数式をたくさん使えて、〝高等経済学〟ができるはずなのに、そういう人の考えることがうまくいかないのです。実におかしい話なのですが、どうもうまくいかず、「逆」に出るわけです。

これが不思議なところですが、最終的には、個人や小さな会社など、それぞれに戻っていくのではないかと思います。

不況が来たとしても、全部の会社が潰れるわけではなく、生き残る会社もあります。あるいは、社員であれば、何割かが削減《さくげん》されても、生き残る人もいますし、そのなかで出世する人もいるわけです。

ですから、最終的には、「ミクロ経済学」的ではありますが、個々の戦いに勝っていく考えも必要なのかと思います。

「役所型の経営手法」は会社経営のモデルにはならない

ちなみに、〝役所型経済学〟の場合、「基本的には、経済や経営のレベルでは、モデルにならない」と考えてよいかと思います。

その理由は何かと言うと、「役所においては、民間におけるような、はっきりとした売上目標のようなものが立たない」ということです。これが一つ言えます。

役所では、「こういう活動をしたら、税収が自然に何割増える」などという「計画」が立てられません。役所は、だいたい、民間が手を出さないところに手を出すので、逆になることが多く、そういう意味で、「目標」が立たないのです。

ただ、場合によっては、目標を立てることもできます。例えば、「学校を何校建てる」「病院を幾《いく》つ建てる」「看護師を何人増やす」「教員を何人増やす」などという目標は立てられます。しかし、当初は経費として予算が組まれますが、目標を達成した段階で、その目標はなくなってしまうので、会社と同じではないところがあります。

また、成果の測定も難しいわけです。例えば、「看護師が不足しているから、三万人増やす」という目標を立てても、「三万人を増やしたら、それが、いったい、どれだけサービスの向上になって、人々が満足し、幸福になったか」というような「成果の測定」はできないのです。

そういう意味で、目標は立ちませんし、成果の測定ができず、経済効果が分かりません。

さらには、イノベーションがとても起きにくいし、「間違えた場合に、そのことを認めない」という傾向《けいこう》が基本的にあるため、政権でも替《か》わらないと、逆のことはできないのです。そういうことがあります。

「経営学的な手法」から見れば、「非営利事業の経営」もあるのですが、一般的には、「役所型の経営手法は、いちおうモデルにはならない」と考えてよいと思います。

そういうところに勤めておられる方には、安定を目指して行かれている方が多いとは思うので、クビにならないで順調に昇進できるよう頑張《がんば》るべきでしょう。

「そのためには、どうするか」ということですが、自分の守備範囲のなかで専門知識を増やすことが大事です。また、たいていの場合、昇進試験のようなものがあって昇進することになっており、それは公平を旨《むね》としているので、昇進試験の勉強をきちんとやることです。

あとは、マスコミ等に捕《つか》まって、「要《い》らない、要らない」の大合唱をかけられないように気をつけることぐらいでしょうか（笑）。不祥事《ふしょうじ》や公金の無駄遣《むだづか》いなどが発覚して、潰されないように気をつけなくてはいけないのです。

3 「現在の日本の経済状況《じょうきょう》」を分析《ぶんせき》する

〝補助金のバラマキ〟では根本的解決にはならない

政府のやる仕事を見たら分かりますが、政府は、基本的に、経営的なことはできません。

政府は、すぐに新しい役所をつくったりします。それによって、仕事をやっているように見せるのはうまいのですが、成果があるかどうかは全然分かりません。

例えば、北海道《ほっかいどう》局（旧・北海道開発庁）、沖縄振興《おきなわしんこう》局（旧・沖縄開発庁）がありますし、震災《しんさい》のあった所については復興庁もあるのに、今回、「地方創生担当大臣」を置いたりして、いったい、どこがどのように仕事を振《ふ》り分けているか、さっぱり分からないのです。

そういうことなので、最終的には、おそらく、「お金を、どこが幾《いく》ら〝撒《ま》く〟か」という、それだけの取り決めになるだろうと思います。

したがって、「基本的にモデルにはならない」と考えています。

ただ、「役所型経済や役所型経営は、基本的に社会主義の考え方と極《きわ》めて近い」というところが問題です。

世の中の「希望の経済学」、「希望学」的にいう経済学は、どうも、この役所型に近いことは近く、基本的には、「お金を幾ら出して、困っている人たちを助けるか」という、〝補助金のバラマキの経済学〟であることが多いので、「根本的な解決にはなっていない」と私は思うのです。

政府は、増税を狙《ねら》って好景気を演出しようとしている

小泉《こいずみ》内閣が五年余り続き（二〇〇一年四月〜二〇〇六年九月）、その間《あいだ》、緩《ゆる》やかではあるけれども、好景気が続いてはいました。この間《かん》に、「構造改革」というものを行い、実は、財政がかなり黒字化しつつはありました。国債《こくさい》のほうも、残高を減らして黒字化していく傾向《けいこう》が見えていて、「もう少しで（財政の収支が）均衡《きんこう》するのではないか」ということが見えるところまで来ていたのです。

ところが、そのあと、二〇〇八年に「リーマン・ショック」が起きました。アメリカ発の「サブプライムローン」、不良債権隠《がく》しというか、住宅ローン絡《がら》みの債権が失敗し、それで信用が大崩《おおくず》れして、金融《きんゆう》パニックが起きたのです。

当時のアメリカの元連邦《れんぽう》準備制度理事会（FRB）議長は、「百年に一回の金融災害」というようなことも言っていましたが、大げさすぎました。

もう少しで立ち直る寸前だった日本経済は、その余波を受けてガシャッと崩れました。

国民は、かなり株価が上がってきていたので、「投資で儲《もう》けられるのではないか」と思い、期待していたのに、ガサーッと株価が半分になり、銘柄《めいがら》によっては半分よりもずっと下がったため、煮《に》え湯《ゆ》を飲まされた方が大勢いるのです。

今は「アベノミクス」で株価が上がっており、現時点（二〇一四年九月二十日）では、日経平均株価は一万六千円台を超《こ》え、久しぶりに、小泉時代のいちばんよい時期に近づいてきてはいます。

しかし、世の中は、それほど動かないでいます。これは、「株価の上昇《じょうしょう》」を一つの目安にして、政府が増税を狙《ねら》っているのが分かっているからです。そのために特定の銘柄の株価を上げようとしていることを、国民は知っているのです。

「『投資家が一般《いっぱん》的に投資したり、民間の人たちが株を買って儲かったりしている状況《じょうきょう》ではない』ということは知っている」ということでしょう。「同じことで、二回、大損《おおぞん》をするのは嫌《いや》だ」という思いも根強くあるだろうと考えます。

そういうところがあるので、今、政府のほうとしては、「何とかして、全体的に好景気を演出したい」という気持ちがあるのでしょうが、現実問題としてはまだまだであり、「消費税上げ」と、輸入品や公共料金の値上げ等がくると、やはり厳しくなると思います。

今の中国は「マルクス主義」の〝看板〟を変えたほうがよい

一方では、昨日（二〇一四年九月十九日）はアップルの「iPhone《アイフォーン》6《シックス》」の売り出しがあり、銀座などで行列ができていましたが、中国人たちが並んでいる様子も、テレビで放映していました。

あの新型は、日本と香港《ホンコン》などでは売り出されるのですが、製造工場がある中国本土では、その時点では売り出される予定がないため、日本まで買いに来ていたのです。

彼らは、「自分の物と家族の物よ」と言っていましたが、それは中国本土ではまだ売っていないので、転売したら高く売れるわけです。すごく「目ざとい」のです。それを日本の銀座で買い、持って帰って中国で売りさばけば儲かります。それを計算して買っているので、「すごいなあ」と思いました。

「たくましい」というか、「これ、本当にマルクス主義?」と言いたくなります(笑)。これはマルクス主義ではないので、中国は〝看板〟を変えたほうがよいのではないかと思います。資本主義を飛び越《こ》えて、ちょっと行きすぎているぐらい行きすぎていて、日本人が思いつかないようなことを思いついています(注。九月二十六日朝のCNNでは、中国人がアメリカ本土まで転売用に買い出しに行っている様子が報道されていた)。

「うん？　まだ売っていない所があるのか」と、日本人もそれを中国へ売りに行ったらよいのですが、駄目《だめ》なことに、買いに来るのを待っているだけなのです。

「生き筋《すじ》」を見抜《みぬ》き、個人としての「サバイバル戦略」を立てよ

なかなか厳しい生き方をしなくてはいけないので、〝目ざとく〟なくてはいけません。「たくましく目ざとく生きていかないと、それほど簡単ではない時代に入ったな」と思います。

今年（二〇一四年）、私は『忍耐《にんたい》の法』（幸福の科学出版刊）も出しているのですが、「これは本当に〝渋《しぶ》い時代〟だなあ。厳しいなあ」と、つくづく感じます。

ただ、どのような時代であっても、「全部が駄目」ということは、めったにありません。

同じ業界のなかでも、明るい材料を持っている会社はありますし、同じ会社の

なかでも、光の当たる人はいるので、そのへんについては、よく「生き筋《すじ》」を見《み》抜《ぬ》いていくことが大事であり、「サバイバル戦略を立てていかなければ、個人としても生き残れない」という気はします。

大会社で〝百年企業《きぎょう》〟のところもありますが、それでも潰《つぶ》れかかっているところはあります。一方、小さな店であっても、百年以上続いている蕎麦屋《そばや》や、百年続いている鯛焼《たいや》き屋《や》などといったところも、けっこうあるわけです。

その間《かん》、「昭和不況」や「敗戦」など、いろいろなものがあったはずなので、そういう時期にどうしていたのかは知りませんが、それらを乗り越え、まだ店が続いているのであれば、やはり、全部が全部、潰れるわけではないのです。

しかし、新装開店の店であっても、一年もたたずに潰れるところがたくさん出てきます。

このへんのところについては、不思議をひもといて、「なぜか」と考える習慣を持たないといけないと思うのです。
そのあたりのところが、この法話《ほうわ》の狙いです。

「格差」解消のための「所得の再分配」がもたらすもの

政府が補助してくれ、「かわいそうだねえ。何とかしてあげたいね」と言って、お金をくださるのだったら、それはまことに〝ありがたい〟ことですが、そのツケがほかの人にいき、「とにかく、儲かっている人からお金を取ればよい」というだけのことであれば、基本的には、それほど所得格差は開《ひら》かなくなるので、標準化していく流れになります。

先ほど言ったように、「小泉経済」のときには、好景気が緩やかに続き、「構造改革」をして、もう少しで財政の収支がトントンになるところに向かっていたのですが、それがリーマン・ショックでガシャッと潰れたあと、マスコミが一斉《いっせい》に、いわゆる「ワーキングプア」を取り上げ始め、NHKが特にそれを言い出しました。

さらには、左翼《さよく》系の新聞が、「小泉経済下で格差が開いた、開いた」と言って、「格差が開くのは悪いことだ」ということを、ワアワアと、一斉に書き始めたのです。

結局、それは、「所得の再分配」ということであり、「儲かっているところからお金を取って、お金がないところに回す」ということなのです。

それは、最初は機能しますが、やがては、たくさん儲けるところは、余分に働いたりするのがバカバカしくなってきます。当然そうなるので、だんだん賃金相場が平準化してくるのです。

安倍《あべ》政権など、政府のほうが、「給料を上げてください」とか、「アルバイトの一時間当たりの最低賃金を上げてください」とか言えば、それで生活がよくなるように思うかもしれませんが、現実には企業はどうするでしょうか。

それを実現するには、人数を絞《しぼ》ればよいわけです。「『給料を上げろ』と、どうしてもおっしゃるのでしたら、社員の数を絞るしかありません」ということです。少ない社員で多くの仕事をしてもらえば、給料を上げることができます。

また、「アルバイトの給料を上げ、正社員に近づけろ」と言われたら、基本的には、「アルバイトの採用は縮めていく」ということを考えるのです。

私が地方から東京に来て「いちばん驚《おどろ》いたこと」

私も地方から東京に来た者で、もう、かれこれ四十年近くたっていますが、東京に来ていちばん驚《おどろ》いたのは、街なかの店の開店時間でした。朝、店を開《ひら》くのが、十一時半や十二時のところがたくさんあるのです。最初の衝撃《しょうげき》は、これでした。

「都会には、怠《なま》け者がこんなにたくさんいるのか」と思い、衝撃を受けたのです。「十一時半で、まだ開いていない。十二時に、やっと開く。これ、どうにかならないのかな」と思いました。

田舎《いなか》では、八時か八時半には、だいたい店は開いているものであり、昼まで開《あ》けなかったら、「潰れたか」と思われてしまいます。ですから、「都会では十一時半や十二時ぐらいに店が開く。なぜ、こんなことをするのだろう」と、最初は、その意味が分からなかったのです。

実は、食事休憩《きゅうけい》の時間を入れて、「一回転、一日八時間労働」にするとしたら、だいたい、昼ぐらいに店を開け、夜の八時か九時ぐらいまで働くかたちにすればよく、そうすれば、二回転させなくて済むわけです。

もし朝の八時や九時から始めたら、一人目の人が、夕方、早く上がったあと、二人目として、アルバイトか何かを雇《やと》わなくてはいけないのですが、二回転になると人件費が上がります。そのため、「営業時間を縮めたほうが、コスト的にはよい」と考えているわけです。

「人件費を余分にかけて二回転にしても、売上が倍になるわけではない。朝から、それほど売れるわけではない」ということです。

映画館も、たいていは、お昼近くなってから開けています。よほどヒットすると思える作品だけは、朝早くから上映したり、前の晩の夜中《よなか》から先行上映をしたりして客を引くことがありますが、一般的には、「昼近くにならないと人が出てこないので、開けない」という面があります。

冷房《れいぼう》が効きすぎていて風邪《かぜ》をひくような映画館もよくあるのですが、このへんの「需要《じゅよう》と供給」の関係を見抜くのは非常に難しいのです。

人々の不幸を生む経済不況《ふきょう》を、宗教の側からも食い止めたい

今は本当に、マクロのほう、政治のほうでは、政権が替《か》わると、いろいろと考

えが変わり、国際情勢も変わるので、いかんともしがたいことがあります。

これについては、会社の経営者が「政治の情勢」や「国際情勢」をよく判断し、環境《かんきょう》を見誤《みあやま》らないようにするしかありません。

ただ、「クビになるかならないか」「給料が出るか出ないか」という段階の人たちや、失業している人たちにとっては、それどころの話ではないので、少し違《ちが》った観点から話をしたいと思います。

かく言う私も、会社を辞《や》めてから、この宗教を始めて給料が入るまで、ほぼ一年間は収入がない状態であり、私も、自慢《じまん》するわけではありませんが、〝失業浪《ろう》人《にん》〟をしたことはあるので、そういう人たちの気持ちは分かります。

最初は失業保険が出るのですが、それはすぐになくなります。当時、家賃は毎月八万円でしたが、「収入がないのに毎月八万円ずつ家賃を払《はら》っていかなくてはならず、だんだんだんだん、手持ちが減っていく」というのは恐怖《きょうふ》で、「これが続いたら、どうなるのだろうか」という思いはあったと思います。

そのように、私も、一年ぐらい「給料なし」の経験をし、持っている財産がどんどん減っていくことを感じましたが、おそらく、会社をクビになった方もそうでしょうし、今は、お年寄りの方もそうだと思うのです。

定年退職で会社を辞めた方には、「もし平均寿命《じゅみょう》まで生きた場合には、どうなるのだろうか」という恐怖や、「病気をして長期医療《いりょう》のために入院した場合には、どうなるのだろうか」という恐怖は、やはりあるだろうと思うのです。

こういう「失業」や「病気」が、当会が「自殺防止キャンペーン」を行っても、なかなか、そんなに簡単には自殺が減らない基本的な理由かとは思います。

その気持ちは分かる気がします。「収入はない。家族は貧しい。老後の十年、寝《ね》たきりで、病院のお世話になる。医療費は要《い》るし、お手伝いも要るし、家族の誰《だれ》かが働けなくなる」ということだったら、自殺したくなる気持ちは、分からないわけではないのです。

基本的には、景気が悪い状態、経済が不況《ふきょう》である状態は、やはり、「一般的に悪だ」と思ったほうがよいでしょう。

それは、いろいろな人の不幸をつくってしまい、不幸の拡大再生産をするので、非力《ひりき》ながら、経済や経営の問題についても、宗教の側から、言えることは言っていくことが大事なのではないかと思います。

自殺しようとしたり、病気をしたり、一家が夜逃《よに》げをしたりしたあとで、人生相談を受けるよりは、その前の段階で何とか食い止めたい気持ちがあるのです。

そういうことを言っておきたいと思います。

4　厳しい時代を生き抜《ぬ》くための「五つの基本戦略」

【基本戦略①】　他との「差別化」を図《はか》る

とりあえず、今日は、「あまり有利な立場にない人や会社が、『生きていくための戦いに勝つ方法』は、どこにあるのか」ということを、現時点の経済環境《かんきょう》等を見ながら考えていきたいと思っています。

一つ言いたいことは、個人でも、小さな会社でも、お店でもそうですが、「生き延びるための基本戦略」は、やはり「差別化である」ということです。

「差別」という言葉は悪く聞こえますが、経済学的には、別に悪い意味ではありません。「同業他社や、同じような仕事をする人は、たくさん存在するので、それとの違《ちが》いを出す」ということです。

「喫茶店《きっさてん》が三軒《げん》並んでいたら、人はどこに行くか」というと、当然、おいしい店や、見た目のきれいな店へ行きますし、割安だったら、そこにも行きますが、値段は高くても、おいしければ、そちらにも行きます。そのほかにも、雰囲気《ふんいき》や音楽、サービスなど、いろいろなものを総合して選ぶわけです。

したがって、選ぶ側が必ずあるのであれば、三軒が同時に潰《つぶ》れることはありません。三軒のなかで、いちばん競争力の弱いところから潰れていきます。それは、味が悪いか、サービスが悪いか、店の雰囲気、感じが悪いか、そういうことの総合によるものです。

ブランドがあるような店であっても、当たらない所では当たりません。

たいていは、地域に根を下《お》ろした古い店があるのですが、そういう店の場合には、すでに土地や建物を自前《じまえ》で持っており、土地代や家賃が要《い》らないのです。そのような、自前のものを持っている店が根を下ろしている辺りに、店舗《てんぽ》をレンタルしながら入っていくと、そのレンタル代の部分でコスト高《だか》になり、競争上、勝てないで潰れてしまうことが多いわけです。そういう所では、ブランド店が負けることもよくあります。

個人においても、基本的には同じです。

サラリーマンであれば、同じ会社に、何百人、何千人いようとも、あるいは、もっと小さなところであろうとも、一つには「差別化」の問題であり、「ほかの社員ができないような仕事を、何かできるようにする」ことが大事です。

与《あた》えられた仕事に「プラスアルファ」を付けていく

ほかの人たちと同じであれば、経営の変動の波や、外国との関係での貿易の波、あるいは、通貨の変動や政権の変動など、いろいろなものによる景気変動の波を、もろに受けてしまいますが、それでも、やはり、全部が潰れる前には、まず予兆があって、一部の人たちが〝肩《かた》たたき〟をされて辞《や》めるなり、店の数を減らすなり、そういうことから始まります。

最近、「代々木《よよぎ》ゼミナールの校舎数が、七割ほど、来年（二〇一五年）春から削減《さくげん》される」と発表されましたが、「三大予備校」といわれたものの一つであり、かなり老舗《しにせ》なので、「代ゼミが、とうとう校舎を返していくのか」と思うと、衝撃《しょうげき》は衝撃です。

代ゼミは数年前に、小中学校で強い、「SAPIX《サピックス》」という塾《じゅく》を吸収したばかりです。

SAPIXは、難関校ばかりが目当てで、（授業料等が）少し高めの塾ではあったのですが、人気が出たので、教室を数多く出しすぎ、経営のほうが追いつかなくなりました。おそらく、経営のできる人がいなかったのだろうと思うのですが、経営能力の高い大手予備校に吸収され、続けてやっていたのです。

ところが、その大手予備校のほうが、「校舎数を七割削減し、ホテル業などに変えていく」などと言い始めたら、塾のほうはどうなるのか知りませんが、経営は、やはり、なかなか厳しいものです。

同業他社が幾《いく》つかあるなかで、差別化に成功し続けないかぎり、まずは潰れるほうに入っていきます。

また、同じ会社にいても、生き残れる人と、そうでない人の差は、やはり「差別化」の部分です。ほかの人が持っていない何かを身につけ、「こういう特徴《とくちょう》があります。こういう能力があります。こういうところで、ほかの人にはない技《わざ》があります。こういう、よい美点《びてん》があります」と言えるようなかたちで、差別化をしていくことが大事なのです。

もちろん、大きな会社では、役所的に、「失点は出さない」ということだけで、身を護《まも》っているスタイルもあろうかとは思うのですが、そうした「護送船団方式」の場合には、不況《ふきょう》のあおりを受けて、その役所自体や会社自体がなくなる場合、あるいは、その事業部自体がなくなる場合もあり、それには抵抗《ていこう》できなくなるところがあります。

その前に、とりあえず、一人ひとりが自分を差別化していくことが必要です。「ちょっと、もったいない人」というか、今のままの使われ方ではもったいないような、与《あた》えられた仕事に「プラスアルファ」を付けていく人間であることが大事です。これを言っておきたいのです。

【基本戦略②】「社内企業家《きぎょうか》」の精神を持つ

これは、言葉を換《か》えて言うと、一部では言われていることではあるのですが、「社内企業家《きぎょうか》となれ」ということです。

会社が大きくなると、いわゆる「指示待ち族型の人」が増えてくることは事実です。それでも、全体が回っているうちはよいのですが、いつまでもそうはいきません。

大きくなってくるにつれ、だんだん、マネージャーの目が届かなくなるのですが、マネージャーが自分でやるようにはやれません。そのため、マネージャーの目の届かないところにいる人たちが、じっとしているか、それとも、自分なりに何かを発案し、そこを広げていこうとするか、このどちらであるかによって、違いが生じてきます。

例えば、「どのように工夫《くふう》して、これが売れるようにするか。どのようにして、お客さんをつかまえるか」ということを考え、努力してくれている人がいると、そこの部分が広がるのです。

「生き残り策」として、まず大事なことは、個人のレベルで言えば、社内企業家風に行動することです。

企業家のことを「アントレプレナー（entrepreneur）」といいますが、社内で、企画をしたり、販売《はんばい》を促進《そくしん》したり、新しい客をつかまえたり、新商品の案を出したりするのです。

あるいは、同業他社の動きを見ながら、わが社、わが店でやっていないこと、足りないと思われるところについての考え方を出してみたりします。

また、今まで順調にやっていたのに、近くに似たような店か、自分のところよりも、もっとしゃれた店が出たために、潰れることもあるので、こうした場合への対抗策を練ったりします。当然、トップも練らなくてはなりませんが、「社員の側からアイデアが出てくる」というのは大事なことだと思うのです。

小さな会社の場合、一般《いっぱん》的には、「民主的経営や全員経営は倒産《とうさん》のもとになる」と言われていますし、それは、そのとおりではあります。

しかし、「このままでは会社が潰れる」ということになってくると、そんなことは言っていられないので、営業のやり方だろうと、新しいサービスだろうと、何であれ、社員の側からもアイデアを出すのが筋《すじ》です。その努力をせずに潰れたのでは困るわけです。

在庫を知らず売上を逃《のが》した、婦人服売り場の店員

やはり、職場を護ることが大事なので、そのなかにいる人が、まずは社内企業家として、「自分が与えられている仕事に関して、自分は一人だけの個人企業を任されている」と思わなくてはなりません。

例えば、デパートのなかで婦人服売り場の部分だけを任されている人であれば、「ここを個人で経営し、最善を尽《つ》くすとしたら、何ができるか」と考えることが大事でしょう。

仕入れや在庫の問題もありますし、「今、何が売れ筋か」ということもあります。やはり、売れそうなものを仕入れて、売れ筋ではないものを、なるべく手元に持たないことが大事です。

お客さんの欲《ほ》しいものが手元にないと、「機会ロス」が生じるのですが、これには担当者の判断が非常に大きいところがあります。

先日、私は恵比寿《えびす》に買い物に行き、娘《むすめ》用に服を買いました。

そのとき、セーターとスカートを買おうとしたのですが、セーターにはMサイズがあったものの、スカートにはMがなく、Sだけでした。「お取り寄せはできますが、今はございません」と言われ、セーターだけを買うことにしました。

ところが、その会計をしているときに、ほかの店員が、「お客さん、Mも在庫がありましたけど、お買いになりますか」と言ってきたのです。この〝センス〟の悪さは、どうしようもありません。

もう三分《ぷん》早くて、会計する前だったら、それを買った可能性はありますが、すでにお釣《つ》りをもらおうとしている段階で、「他店から取り寄せなくても、Mのスカートがありました」と言われても、もう一回、会計するのは面倒《めんどう》くさいので、「もう結構です」と言い、帰ってしまいました。

これは店にとって機会損失です。担当者レベルの判断で売上を逃《のが》したのです。何千円か、一、二万円か知りませんが、とにかく売上を逃しました。

小さな店であっても、店員には「プロ意識」が要《い》る

担当者は「Sしかありません。現品《げんぴん》一品だけです」と言っていたのに、Mもあったのです。これは〝勉強不足〟もいいところで、企業家精神がまったくない証《しょう》拠《こ》です。

自分が責任を持っていたら、今飾《かざ》ってあるもの以外のサイズの人が来た場合、

予備として、そのサイズのものがあるかどうか、例えば、S以外にMやLがあるかどうか、そういうことを調べ、知っているでしょう。これは日ごろの勉強次第《しだい》です。きちんとノートをつけ、在庫のチェックをしていれば、分かることです。「ありません」と断言され、「他店から取り寄せましょうか」と言われても、わざわざ取り寄せてもらうのは面倒くさいし、実際に着てみないと、それが合うかどうか分からないわけです。

それで「結構です」と言って、会計をしているときに、「ありました」と言われるのは、感じが悪いものです。

「そうですか」と言って買ってもよいのですが、こちらが、「うーん。どちらかな」と迷うぐらいの商品でしかない場合には、あえて「買いたい」とは思わず、サービスの悪さのほうが気になります。「この人、勉強していないのか」と思うわけです。

そこは小さな店です。本当に小さな、十坪《つぼ》かそこらぐらいの店なのに、在庫があるかどうか、分かっていなかったので、「これは、ひどいなあ」と思いました。その店員が、「今日、着任しました」ということなら分かります。あるいは、「研修生」などと書いてあるなら、少し割り引きますが、そうではない人が言うのを見たら、やはりショックでした。

考え直して買ってもよいのですが、私としては、「この人には『プロフェッショナルとしての意識』がないから、教育上、買わないほうがよい」と判断して、買いませんでした。

その担当者は「機会損失」をしたので、上司に怒《おこ》られるのは間違いないでしょう。Mを見つけてきたのは上司だと思われますが、やはり損失を出しました。

こういう社員は基本的に〝駄目《だめ》社員〟です。こういう行為《こうい》が積み重なると、お店が潰れる可能性が高くなり、潰れたら、改装して、ほかの店が入ることになるわけです。

やはり、一人の店員にとって、自分の手持ちの範囲《はんい》、テリトリーは狭《せま》いかもしれませんが、そこにある商品の説明ができ、どんなものが入っていて売れたかを、知っていることが必要です。

また、売れたものについては、きちんと補給をしなくてはなりません。それが遅《おそ》ければ、商品がないままで終わります。

このへんは普通《ふつう》の事務仕事ですが、これをきちんとやれているかどうかは、非常に大事なことなのです。

それから、「お客さんに何かプラスアルファの質問をされたときに、答えられるかどうか」ということも大事です。それに答えられない人はたくさんいます。想定問答集《もんどうしゅう》がないため、「考えていなかった」ということがあるのです。

例えば、「このブランドは、どこの国のものですか」と訊《き》かれ、答えられない人がいるわけですが、「毎日、店内にぶら下げているのだろう? 国の名前ぐらい言ってほしい」という思いはあります。そういうショックを受けることがあるのですが、こういう店員は駄目です。

三十メートルも追いかけてきて、高級時計を買わせた店員

以前、「伊勢丹《いせたん》の商法」について話をしましたが（二〇一三年十月十日説法《せっぽう》「伊勢丹流『できる営業マン7つの条件』」）、先日、似たような体験をしました。

映画を観《み》たあと、少し肩がこったので、銀座を散歩していたのですが、前に利用したことのある店のなかをチラッと覗《のぞ》いたら、店内の女性店員と、目が一瞬だけ合ったのです。

その女性は、私を担当していた人ではないので、名前を知らない人なのですが、目が合った瞬間、その人はタタッと走っていき、奥《おく》にいる人に話しかけているよ

うに見えました。

私は、その店の前を通り過ごし、歩いていたのですが、三十メートルぐらい歩いたところで、店のなかから、その女性店員が出てきました。そのあと、男性店員も出てきて、私を追いかけてきたのです。

私の担当者は別にいたので、私は、その店員の名前を知りません。前回買ったときに、もしかしたら、その人とも会っているのかもしれませんが、覚えていないのです。ところが、その人に呼び止められ、「先生！　先生、先生、店に寄って、コーヒーを一杯《いっぱい》飲んでいってください」と言われました。

三十メートルも追いかけてきて、「商品を買え」と言うのではなく、「コーヒーを一杯飲んでいってください」と言ったのです。

三十メートルも追いかけてこられたら、行かないわけにはいかず、しかたがないので戻《もど》りました。秘書もいたのですが、一緒《いっしょ》に、ゾロゾロと三十メートルぐらい戻ったのです。

ところが、店内には外国人が何人かおり、立って会議をしているようでした。役員会議か何かのように見えたので、「邪魔《じゃま》になるから、店に入らないほうがいいんじゃないかと思うんですけど」と言ったら、会議していたのは本当なのに、その店員は、「いやあ、あんなの観光客です。気にしないでください」と言って、入ってからあと、役員を追い出してしまいました。

実は、その店の創業者一家が、ヨーロッパから、銀座に出ている店の視察に来ていたのですが、その店員は、「観光客です」と嘘《うそ》をつき、反対側から創業者一族を追い出して、私を座《すわ》らせたのです。

そのあと、コーヒーが出ましたが、当然、それで終わるわけはありません。コーヒーが〝高くついた〟わけで、今では、（腕《うで》時計を見せて）このような時計になっています（笑）。

店員の「勇気」「根性《こんじょう》」「記憶《きおく》力」が差別化につながる

コーヒー一杯につられた私が悪いと言えば悪いのですが、「三十メートルも追いかけてくる」というのは、そうはいっても、なかなか勇気があります。

私の実際の担当だった人ではない人でしたが、私の顔を向こうは知っていたのでしょう。その担当者には連絡《れんらく》をしたでしょうが、私を追いかけてきました。

そして、視察に来ていた創業者一族を、「〝なか〟の人たちだから構いません」と言って反対側から追い出し、さらには、外国人社長も上に上げ、〝押《お》し込《こ》めて〟しまいました。

このようにして、リラックスした雰囲気をつくり出したのですから、腕が上と言えば上です。

勝負は一秒だったのです。

その人が私を見たわけではありません。その人とは別の女性店員が私を見たのです。私が店のなかを一瞬覗いたときに、私と目が合い、その瞬間、その人とパッと連携《れんけい》しました。

これはサッカーのショートパスのようなもので、何人かが連携してシュートを打つ、あのスタイルと同じです。パッと二人で連携し、私を追いかけてきて、買わせたわけです。

「なかなか厳しいものだなあ」と思います。やはり、人生は実に厳しいものです。

これは、そう簡単にできません。因縁《いんねん》と言えば因縁、因果《いんが》と言えば因果で、何かの縁《えん》があったことは事実ですが、なかを一瞬覗いただけのお客さんを追いかけるには勇気が要《い》ります。

「通り過ぎてしまった。行ってしまった」で諦《あきら》めるのが普通です。連れ戻してきて、役員たちを追い出し、売りつけるのですから、やはり根性《こんじょう》があります。その人の名前を、まだ私は知らないのですが、根性はあります。海外から来た自社の外国人役員を追い出す姿勢に、「顧客《こきゃく》第一主義」を感じました。

不況期に潰れないためには、同業他社との戦いが熾烈《しれつ》です。こちらは覚えていなくても、向こうは覚えているという、「記憶《きおく》力の戦い」は大きいと思います。

そういう意味では、「個人がどれだけ客筋を記憶しているか」という、「客筋の記憶」でも、差別化はできるのでしょう。

そういう店員を持っている店に対しては、「なかなか、できるなあ」と思うのです。

経済の循環《じゅんかん》が「善の回転」になれば、経済は大きくなっていく

どこかの服屋で、何千円か、一、二万円か、知りませんが、そのくらいのスカ

ートを買わなかったことに比べ、より高いものを、こちらは買わされたわけですが、それでも、仕事に熱心なほうを評価したいので、結局、そういう仕事熱心なところで買ったのです。

「買ってしまった以上、もったいないから、使わなくてはいけない」ということで、私は、「希望の経済学」を説き、原価を〝取り返さなければ〟いけなくなります（笑）。

だいたい、こういうかたちで、「経済の循環《じゅんかん》」が起きるわけです。

向こうは儲《もう》かりましたが、買った私は、「お金を損しただけではいけないから、取り返さなくてはいけない」ということで、経済学の話を説き、その話を聴《き》いた人が、それでヒントを得て、商売に何かプラスが出たら、彼らも元が取れます。

このように経済が循環し、うまく回れば、全体が大きくなるのです（善の循環）。

「店にあったものが売れなくて、在庫のままで返品」ということになると、マイナス波動《はどう》になって、マイナスの経済が循環していき、「店員は給料が下がるかクビになり、その次には店が畳《たた》まれる」という感じで逆回転していきます（悪の循環）。

微妙《びみょう》なところなのですが、「善の回転」が始まると、その経済は大きくなっていき、「逆回転」が始まると、縮まっていくのです。これは、些細《ささい》なところから始まっていることが多くて、マネージャーや経営者が、実は気がついていないこともよくあります。彼らが知らないところで起きていることがあるのです。

現場の社員や店員で「差別化」の工夫《くふう》を

今（二〇一四年九月二十日）、東京では、代々木《よよぎ》公園やその近所の公園などで、蚊《か》が媒介《ばいかい》する「デング熱」が流行《はや》っているので、各種の公園には緊張《きんちょう》が走っているでしょう。

あれについて、対策を思いつき、「デング熱対策は万全《ばんぜん》です」などと書いて店の前に出せば、他の店と差別化できます。例えば、虫除《むしょ》けスプレーを店に一個置き、「店を出るときに、スプレーを体にかけてから出てくだされば結構です」と言えばよいのです。

「デング熱の原因となるウイルスを持った蚊が、代々木公園だけではなく、上野《うえの》公園にも出た。明治神宮《めいじじんぐう》にも出た。新宿御苑《しんじゅくぎょえん》にも出た」とされているので、次はどこに出るか、もう分かりません。デング熱で景気が冷え込《こ》むことは十分ありうるので、「デング熱対策はできています」と書き、スプレーをかけられるようにしておくだけでも、やはり客は入るでしょう。

特に、オープンカフェのようなところだったら、蚊に狙《ねら》われる可能性は十分にあるので、蚊が百匹《ぴき》ほど出てきたぐらいで、売上が落ちることはあるわけです。

店の誰《だれ》かがその対策を思いついたら、それだけでも、お客さんは、ほかの店には入らず、その店に入ります。喫茶店が三軒あって、同じくオープンカフェをやっていたら、そこに入る可能性は高まるのです。

「こういうことを思いつくか、思いつかないか」というのは意外に大事です。それをトップの判断でやってもよいのですが、仕事が複雑になれば、トップはそこまで行かないので、やはり、現場にいる店員や社員の考え方は大きいだろうと思うのです。

「現場の店員や社員の商品知識、サービスの知識、新しい現象に対する対応、こういうものが、いろいろなものに結びついてくるのだ」ということを知っていなくてはなりません。

店員の「目配《めくば》り」も店全体の品質管理に関係する

賢《かしこ》いお店になると、例えば、急に雨が降ってきたときに、ふと見たら、もう傘《かさ》を前に出して並べてありました。雨が降る直前に出ていたのですが、降り始める時間を読んでいるのです。そして、傘を店内の後ろから前に出して並べるのですが、「このへんの気の利《き》き方は、すごいな」と思います。

雨が降りやんだら、もうあまり売れなくなります。雨がスコール的に一時間しか降らないとしたら、売れるのはその一時間だけなので、そのときに傘が表に出ているかどうかが大事で、これは大きな勝負です。

このときに傘が奥のほうにあり、客が「傘はありますか」と言ってきたら、奥から出してきて売る店と、前のほうに傘をズラッと何十本も並べている店との差は、やはり大きいのです。

雨が降ると、百貨店などには、傘にビニール袋《ぶくろ》をかぶせる機械が置かれますが、ああいうものが、サッといち早く出てくるところと、出てくるのに時間がかかるところとの差は、やはり大きいと思います。細《こま》かいことですが、そういう面はあります。

また、幾つもの店が入っている百貨店では、店員が自分の店以外についても、きちんと知っていて、ほかの店のことを訊かれても、「ここにあります」と一言《ひとこと》で言えるようだと、百貨店全体への教育がよく行きわたっていることになります。

ところが、「喫茶店はありますか」とか、「トイレは、どこにありますか」とか訊いても、「さあ、どこでしょうかねえ。一階か二階か三階か、どこかにあると思います」と言われると、訊いたほうはガクッときます。

百貨店などでは女性客が多いので、階によっては、女性のトイレだけがあって、男性のトイレがないこともあります。

こういう店に、奥様だけではなく、夫婦《ふうふ》で買い物に来ている場合には、「トイレがどこにあるか」ということは重要な問題になるので、「それを的確に言えるかどうか」ということも、その百貨店全体の品質管理に関係はあると思います。

このへんで「目配《めくば》り」ができるかどうかは大事なことではないかと思うのです。

「知識や経験のある人」の意見も大切に

このように、会社が危険領域に入ったり、政府の予想に反して経済が危険領域に入ってきたりしたら、まず、「個人としての差別化」が大事です。自分一人でも何とか頑張《がんば》って切り盛りし、その店や会社が潰れないようにする何かをつくり出していかなくてはなりません。

そういう努力が必要でしょうし、その努力をした人には、もしお店や会社が潰れたとしても、次の道が開《ひら》けやすいだろうと思うので、私は、それを勧《すす》めたいと思います。

いちばんいけないのは「指示待ち族」になることです。どこであっても、大きくなると、必ずそうなるのですが、「指示待ち族の山」になるのです。

ただ、それが正しい場合もあります。上にいる人のほうが「経験」も「知識」も多いので、上の人に指示していただき、そのとおりにやったほうが間違いないことも多いのです。普通であれば、指示を受けて動いたほうが間違いは少なく、被害《ひがい》が出ないのです。

これは「時」と「場合」によるわけです。

ＮＨＫの大河《たいが》ドラマ「軍師官兵衛《かんべえ》」では、「官兵衛がいないときに、息子《むすこ》の長政《ながまさ》が勝手に攻めていき、大敗北を喫《きっ》して帰ってくる」という話があります。

官兵衛は、「敵が囲みを解いたので、『チャンスだ』と思い、長政が一本道のところを攻め込んでいった」と聞いて、「バカだなあ。絶対に待ち伏《ぶ》せをしているに違いない。ただ、やられても、できるだけ被害を最小に食い止めなくてはいけないから、逃《に》げて帰るときの逃げ道をつくり、明かりを灯《とも》して、彼らを引き取らなくてはいけない」というようなことを言っていました。

この場合は父親ですが、上にいる人が軍師で賢い場合には、その指示を受けて行動したほうが間違いがないので、「指示待ち族は間違いだ」とは必ずしも言えないことがあるのです。

「知識」や「経験」がないと知略戦では負けることもあるので、そういう意味では、知識や経験のある人の意見が聞けるときには、それを聞いたほうがよいことは間違いないのです。

ただ、全部が全部、聞けるわけではありませんし、現場、持ち場を任されている場合には、自分のほうが、その環境というか、そこでの商品やサービス、お客さんの様子などをよく知っているので、「それをどうすべきか」ということは、やはり、本人が基本的には考えていかなくてはなりません。

そして、全体の方針というか、上から出ている方針と違っていない範囲内で努力していく必要があるのです。

こうした、「指示待ち族」ではない、社内企業家的に自分で考えられる人の率を増やしていくことが、不況対策としては極《きわ》めて大事なことであると思います。

「指示のない行動」を怒《おこ》る上司への対処の仕方

ときには、上司などから、「俺《おれ》が指示していないのに、勝手にこんなことをして、けしからん！」と言われることもあるかもしれません。その人の性格によっては、「指示していないのに、勝手にやった」と言って怒《おこ》る場合もあるでしょう。

しかし、経済原理が働いているかぎり、「結果オーライ」になった場合には、昇進《しょうしん》や昇給はないにせよ、少なくともクビ要員まではいかないところで済むだろうと思うのです。

例えば、夕立《ゆうだち》が一時間降るときに、傘を前に出して、普段なら一本売れればよいところを、十本も売った店員に対し、「俺が指示を出していないのに、勝手にやって生意気だ。おまえは、けしからん。勝手な単独行動だ」と上司が言い、五坪ぐらいの店で、そんなことで喧嘩《けんか》しているようだったら、潰れてもしかたがない店だと私は思います。

一般的には、夕立がすぐ通り過ぎる間に売ってしまった、その店員の機転をほめるべきです。それを責めるようなところだったら、潰れるのは時間の問題なので、それなりの心構えはしておいたほうがよいでしょう。

一般に、上が無能だと、指示もしていないのに勝手にやった人に対して、嫉妬《しっと》したり、いじめたりする場合もありますが、上が標準的な人であったら、そういうことに少しは腹が立っても、結果がよかったら、我慢《がまん》して帳消しにするぐらいのことはできるはずです。

利益が出ても怒る人は「最悪」なので、こういう上司は、早めに取り除かないと、会社が潰れる原因になります。こういう場合には、ほかの社員のみなさんとチームワークを組んでいく努力をしたほうがよいと思います。

監督《かんとく》が怒れば、選手を一人ぐらいクビにできますが、選手全員が仲よく固まっていると、そう簡単にはいかない部分はあります。労働組合的発想がよいとは必ずしも言いませんが、ほかの人とも密接に話をしておいたほうがよいでしょう。

「単独でやってはいけないかな」と思うときには、例えば、自分の先輩《せんぱい》に当たる人など、中間管理職にいるような人と話す機会があれば、その人に一言、伝えておくとよいのです。

そうしておけば、あとで怒られたときに、「社長はおいでではなかったので、ベテランで十年選手の○○さんに、一言、言っておきました」と言えば、その人の顔を立てて、黙《だま》ってくれることがあります。

その程度の「技」というか、「気配り」は、知っておいたほうがよいでしょう。

ただ、それを責任転嫁《てんか》で使うと、その人が気の毒なので、それをしてはいけません。

不況下において、「全員企業家」「民主的経営」「全員経営」などと言うと、トップの〝逃げ〟のようにも見えるのですが、実際上、本当にプラスになるのだったら、それをやったほうがよいことは間違いないのです。

「全員が、一斉《いっせい》に、各自の持ち場で売上を上げ、商品在庫を片付けていく」ということが大事なことではないかと思います。

「強み」を引き出し、「弱点」を縮める努力をする

小さな会社の経営については、ほかのところでも話したことがあるのですが

（『経営入門』〔幸福の科学出版刊〕参照）、やはり、能力的な限界は、どうしても出るのです。

「自分の能力の限界は、どこであるか」ということは、なかなか分からないのですが、できるだけ、「強み」のところを引き出し、「弱点」のところを縮めていくよう、誰もが努力していけるようにしたほうがよいと思います。

企業カルチャーが優《すぐ》れている場合には、どのような人を採っても、だんだん、誰もが似たような判断をできるようになっていくところもあるので、そういう優れた企業は大したものだなと思いますが、たいていの場合、マニュアルレベルさえつくれません。いろいろと変動が多いので、そう簡単には決められないのです。

ただ、店のほうが決めた「定食型メニュー」というか、「うちは、こういうサービスしかしません」「うちは、こういうものしか置きません」というかたちでやっていて、それでも潰れない、老舗《しにせ》のような店には、それなりに定着しているものがあるので、頑固《がんこ》に変えないほうが、またそれなりの味があって、よいこともあると思います。

例えば、「うちは、細身《ほそみ》の人に合った服、細い人用の服しか置きません」と言い、「太い人用の服も置けよ！」と言われても、「いや、それには、そういう店がありますから、そちらで買ってください」と言う店があるとします。頑固ではありますが、それで店が続いているのなら、それなりによさがあり、細いものの専門知識が豊富で、よい品物があるのでしょうから、そういう店もありうるとは思います。

【基本戦略③】「同業他社」を研究する

やはり、「同業種間の戦い」が厳しくなるのは当然なので、まずは、店内、あるいは会社内でやれる努力をしなくてはなりませんが、それをやったあとは、次に、「同業種の会社、あるいはお店が、どういうことをしているか」ということを研究することが必要です。

これは、できるだけ、実際に自分の目で見て歩き、感覚をつかむほうがよいと思います。

〝できる社員〟であれば、休日などに出掛《でか》けていても、「同業種は、どういうサービスをしているか」ということを見ているでしょう。服屋なら、ほかの服屋を見ているでしょうし、食事を提供するところなら、似たような、ほかの店の料理を食べてみて、どのようなことをサービスでやっているか、やはり見ると思うのです。

映画館であっても、客の入りなどは、各映画館によって、ずいぶん違うところがあるように思うので、上映する作品の組み合わせや、「この映画を、どのくらい引っ張り、どこで打ち切るか」ということの判断などで、かなり違うことはあるのでしょう。

さらには、時代的なもので、「ヒットするかどうか」の読みのようなものも、やはりあるだろうと思います。

「同業種のなかで、ほかのところが、どのような部分で努力しているか」ということを、常日ごろから研究していることは、やはり大きな力になります。社長は当然ですが、社員であっても、それをしているところは、やはり偉《えら》いと思うのです。

ほかのところで、どのようなものを売っているかも知らずに、自分のところのものを「最高です」と言って売っているだけでは、やはり甘《あま》いのです。自分のところのものについて、「最高です。これ以上のものはありません」と言うのは勝手ですが、「ほかのところを見たことがあるのか」と言いたくなるところがあります。

「ほかのところよりも高く売っていて、それでも潰れない」というところには、やはり、それなりのよさが必ずあるのです。「そのよさは何か」ということを、知らなくてはいけません。

例えば、食べ物や飲み物であれば、「味のよさ」は、やはりあると思うのですが、「この味の差が、値段の差として、どの程度に換算《かんさん》されるか」というのは、難しいことです。経営的に見れば、ものすごく厳しいところだと思うのです。「うちのほうが、たぶん、味はよいと思う」というとき、この「味がよい」という部分は、二百円分ぐらいに相当するのか。あるいは、金額が倍になっても客が入るぐらいのよさなのか。これを見切るのは、経営的には極めてシビアな判断なのです。

このへんを、まずは研究しなくてはいけません。

同業他社との比較《ひかく》は、だんだん、客のほうもするので、「同業他社は、今、どのようにやっているか。どういう品揃《しなぞろ》えをしているか。値段は、どの程度であり、どういう価格帯でやっているか。季節ごとに、どのようなものを売り出しているか」ということについて、よく研究していくことは、非常に大事なことであり、これは「基礎《きそ》中の基礎」なのです。

【基本戦略④】「勘《かん》」を磨《みが》く

この基礎中の基礎の勉強は、当然ながら要《い》るのですが、これを乗り越《こ》えて、さらに、もう一段、要求したいものがあります。

それは何かというと、「勘《かん》」です。

これについては、ドラッカーは否定しがちで、彼の著作には、「勘を使って経営をしてはいけない」というようなことが、よく書いてあります。

大会社の場合には、確かにそうです。大会社の場合には、統計学との関連性もかなり出てきて、国民全体のGDPの成長率や政府の方針などの影響《えいきょう》が、もろに出てくるようなところがあるので、「マクロ経済学」がズバリ当たってくると思います。

しかし、小さな店や小さな会社の場合には、マクロの経済学は必ずしも当たりません。統計学で処理されても、それほど当たらないのです。

「傘屋は全般的に好景気です」と言われても、潰れる店は絶対に潰れます。ミクロでは、「ほかの傘屋は、だいたい儲かっているのに、うち一軒だけは潰れました」というようなことが起こるので、マクロでは駄目なのです。

今言っているような、危ない、〝崖《がけ》っぷちの経済学〟においては、特にそうです。〝崖っぷちの経済学〟という言葉を使ってしまいましたが、〝崖っぷちの経済学〟で希望を持とうとしたら、やはり、大きなマクロの判断や、統計学的な判断などには乗っていられません。

よそがどうであれ、関係ないのであって、「自分のところが生き延びるには、どうしたらよいか」ということを、徹底《てってい》的に考えなくてはいけないのです。

それには、やはり、「勘」も要ります。ドラッカーには失礼に当たると思いますが、「勘」も要るのです。

大会社では、ドラッカーの言うとおりであり、統計的に処理された資料を合理的に判断し、何十年も鍛《きた》えられた経営担当者陣《じん》で会議をして、決めればよいと思います。それで会社が長くもつ可能性が高いと思うので、それをしたらよいでしょう。

しかし、〝崖っぷちの経済学〟のなかの人、〝崖っぷちの小屋〟で商売をしているような人には、それは通用しないと考えなければなりません。

そういう場合には、やはり「勘」を磨《みが》かなくては駄目なのです。

そのためには、地道に、いろいろな店を見て回ったり、同業他社のものを見たりしなくてはなりません。

例えば、ウナギ屋なら、ほかの店のものと値段の差があるかどうかを見て、味を食べ比べてみて、「これは同じぐらいか違うか」「値段の差で、どのくらいに当たるか」ということが、「勘」として分かるか分からないか。この責任は重いのです。

小さな目で言えば、やはり、絶対に「勘」が必要です。

また、大きな会社であっても、本当のことを言えば、一代で大企業になるようなものの場合には、やはり、トップの「勘」は優れています。一般に、「勘」の鈍《にぶ》いトップで会社が大きくなることはないのです。

そのへんについては、「学者としての分析《ぶんせき》」と、「実際に経営する側の分析」とでは違うと思うのですが、やはり、「勘のよさ」は必要です。

「勘」について、単に「思い、ひらめくだけ」という気がするかもしれません。

しかし、実際上、作業というか、研究や調査などを普段《ふだん》していながら、ひらめいていく「勘」には、ある程度の「科学的合理性」が伴《ともな》ってくるので、当たる率は高くなるのです。

普通のコーヒーぐらいを売っている喫茶店が、その横に、例えばスタバ（スターバックス）などに出店されたら、「潰れるだろう」ということは、だいたい勘で分かります。生き残れるかどうか、考えられるだけ考え、作戦を立てなくてはいけないのですが、最後には撤収《てっしゅう》になる可能性が高いのです。

もっとも、スタバもたまには撤退します。スタバを追い返す店も、あることはあるのです。スタバに勝った店を私は知っています。それは、イタリアン系のカフェに徹していて、外国人の固定客をたくさん持っているところでしたが、そこにスタバのほうが負けたのです。

ただ、一般には、予想外の事態（ライバル店の進出など）で潰れることがあると思います。

したがって、経営判断においては、トップから、一社員、一店員に至るまで、勘が働くものだと思うのです。

【基本戦略⑤】　クレームを「経営改善の種」とする

その「勘」のもとになるものは何でしょうか。

まずは、「客の数が増えるか、減るか」「どういうものが売れ筋か、売れ筋ではないか」「在庫がたくさんたまるかどうか」といったことです。

あるいは、「サービスで、よくクレームがつくところはどこか」「どういうところで、ほめられることがあるか」ということです。

お客さんがほめてくれることは、めったにありません。むしろ、怒《おこ》られることのほうが多いと思います。

経営学のほうでも言われますが、これは「クレーム処理」です。「クレーム処理は宝の山」と経営コンサルタントの一倉定《いちくらさだむ》は言っていました。

お客様のクレームを聞くのは末端《まったん》の人であることが多いのですが、末端の人がクレームを上には伝えないことがよくあります。

そのため、「いったい何がお客様の癇《かん》に障《さわ》っているのか。癪《しゃく》に障っているか」ということを、上は分からないところがあるのです。

厨房《ちゅうぼう》にいるコック長などは、出した料理の皿が戻ってきたとき、料理の残り具合を見て、「味が悪かったかどうか」というようなことを、毎日、統計的に判断しますが、実際には、客席でサービスをしている側の人は、客のクレームを聞いていることがよくあります。

しかし、「クレームが、経営的にイノベーションを起こすきっかけになるのだ」ということを、なかなか素直《すなお》に認められないのです。

大きな会社等になると、クレームが社会的な問題になった場合には、トップのクビが飛ぶことも多いので、「どれだけ早くクレームが上まで伝わってくるか」というのは非常に大事なことなのです。

会社が巨大化《きょだい》すると、かつて言われていたように、「恐竜《きょうりゅう》が尻尾《しっぽ》を鼠《ねずみ》に食われても、それが脳まで伝わるのに三十分ぐらいかかる」というような状態になるのです。

一万人規模の会社では、そのようなことはよくあります。「尻尾を噛《か》みつかれていても分からない。頭までは情報が来ない」ということが、やはりあるのです。

そういうクレームなどを上が知らないでいると、大きな会社等、「公器《こうき》」の場合には、実際には現場に関係がなく、直接にはタッチしていない社長や、その部門の担当役員などが、責任を取って辞めざるをえなくなることがあります。

この慣行自体については、よいか悪いか、異論はあろうと思いますが、「全体的な監督不行き届き」という意味では、そのとおりだろうと思います。

そうしたクレームを上に伝えるのは、簡単なことではありません。とても難しいことです。

ただ、そのクレームのなかに「経営改善の種」が必ずあるのです。

クレームは「末端《まったん》」から「上」へ上げなくてはならない

実は、「経営改善すべきことの種を、いちばん下の人、末端《まったん》で客に接している人が知っていて、上が知らない」というのがほとんどなのです。

上の人、例えば、十人ぐらいの小さな会社の経営者が、直接、クレームを知っていたら、「分かりました。改善します」と言える場合があるのに、その立場にない人がクレームを聞いても、「私は、その立場ではないから、できません」などと言うわけです。

例えば、喫茶店の店員が、お客に「向こうの角《かど》を曲がった所に、新しい喫茶店ができた。そこでは、このくらいのコーヒーは二百五十円で売っているし、サービスもいいよ。おたくは、こんなコーヒーとサービスで三百円も取るのか」というようなことを言われたとします。

それが一件ならともかく、二件、三件と出てきたら、「そこは、いずれ潰れる」ということが見えているので、どういう手を打つか、やはり考えなくてはいけません。値引きをするか、自分のところのコーヒーに何か付加価値を付けるか、「季節の何とか」と言って売り出すか、そういうことを考えなくてはならないのです。

今、コーヒーは、創作料理と同じで、「創作コーヒー」の世界に入っており、季節によってコーヒーが違うようになっています。「創作コーヒー」がかなり出ているのです。

イチゴの季節には、イチゴコーヒーをつくり始めますし、栗《くり》の季節には、栗の味が少し入っているものをつくります。季節要因に合わせたものを、フルーツの味も加えながら、たくさん研究していますし、ミルクだけではなく、いろいろな〝泡《あわ》〟も研究しており、研究は非常に進んでいます。

このへんについては、「経営チャンスだ」と思ったら、改善を考えなければいけないのです。

経営不振《ふしん》になってきたら、できるだけ、お客様に接している部分が受けているクレーム、お客様から言われている文句を、上に報告しなくてはいけません。ところが、これは耳に痛いので、社長や店長は、できるだけ聞きたくないものですし、支部なども本部には絶対に報告したくないことなのですが、やはり、それを言わなければいけないのです。

5　長く成功し続けるための戦い方

宗教であっても、油断していると潰《つぶ》れる

よそ様の話ばかりしてはいけないので、当会の話もしましょう。

例えば、「当会は、月曜日は休みですが、火曜日から日曜日まで、やっております。土日は、行事などがあって、人がたくさん来ることはありますが、火・水・木・金は、支部も精舎《しょうじゃ》（幸福の科学の研修施設）も、だいたいガラガラです。ただ、ときどき祈願《きがん》に来る人がいるので、一カ月たつと、何となく、支部長の給料が出ています。その程度で、支部長は満足しております」というようなことがあるとします。

しかし、その「ガラガラです」という報告は、なかなかできないのです。ところが、そういう報告はなくても、例えば、「支部全体で私の法話《ほうわ》（ＤＶＤ上映）を観《み》た人は何人か」という数字を見て、それを支部の数で割り、「一支部当たり何人来たか」を見て、「それを何日間、上映したか」で割ってみたら、一日にそれを観たのが、二人か三人か、十人か、分かります。

「支部で、一日に、これだけの数の人しか観ていないとなると、それは、いったい、どんな仕事なのだろうか」ということを想像すると、見えてくるものがあります。

少なくとも、今は、信者全員に私の法話を観るように呼びかけていないことだけは確実です。「観せよう」と思っていたら、次のものが来たので、「次のものも来てしまった。次は何だろう？」と思い、支部長が自分でそれを観ていると、また次のものが来るのです。

そのため、「支部長は、次々と来るものを観て、自分で勉強しているだけで、給料をもらっている」という状態のところが、たくさんあるだろうと思われます。たまに上から〝天の声〟が出てきて、「これは、たくさんの人に観てもらいなさい」と言ってきたら、それに関してだけは、チラシを撒《ま》いて、「みなさん、支部に来て、観てください」と言い、報告をきちんとしてくるわけです。だいたい、このレベルでやっていることは、当会にも、おそらく、たくさんあると思うのです。

これは、傘屋《かさや》をやっても、たこ焼き屋をやっても、うどん屋をやっても、たいてい潰《つぶ》れるレベルなのですが、「ほかの誰《だれ》かが働いているために、現在、全体の力で潰れないでいる」というところです。

あとは、ありがたいことに、宗教のほうの固定信者が、「いざ」というときは助けてくださったり、「宗教法人」ということで、優遇《ゆうぐう》を受けたりしているところもありますが、「財政赤字」をあれだけ言われると、いつ何時《なんどき》、環境《かんきょう》が激変しないとも限りません。

「公開度が極《きわ》めて高い宗教」に必要なこと

また、新しい急成長宗教のようなものが、突如《とつじょ》、ドーッと竹の子のように出てきて、竹のようにダーッと伸《の》びてくることがあるかもしれません。

「何十年か前に当会がやったのと同じようなことを、今度は、新しい宗教がやったら、どうなるか」というような恐怖《きょうふ》は、ないわけではありません。

やはり、イノベーションが起きてきます。私が出てきて、もう三十年ぐらいにはなりますが、三十年もすると、「当会の本やCD、DVDをはじめ、いろいろな仕組みを、全部、研究し尽《つ》くした上で、新しいところが勝負をかけてくる」ということが、ないとは言えないのです。

若くて頭がよく、センスのよい人が出てきたら、「〝マーケット〟を荒《あ》らされる」ということは十分にありえます。

そういう新しいものが伸びてきているときに、当会の支部長が、「永遠に潰れない」と思って、ゆっくり、のんびりと勉強している状況《じょうきょう》だったら、何か対策を考えなくてはいけないわけです。

「もう一段の、組織の強固化や〝販売《はんばい》〟の促進《そくしん》」「今までにないものを新しくつくっていく」「外に見えていないところで、秘儀《ひぎ》の部分をつくっていく」など、いろいろと経営的に努力をしないと、生き延びていけません。非営利法人といえども、同じ状態にはあるのです。

特に、当会の場合には、公開度が極《きわ》めて高いので、信者にならなくても情報がそうとう取れます。その意味では、信者になるメリットは比較《ひかく》的少ないわけです。

「信者になるメリットが比較的少ないにもかかわらず、信者になっていただくには、どうするか」というと、「説得力」と「なかに入った場合のプラスアルファ」がなければ、絶対に駄目《だめ》なのです。

その「説得力」や「なかに入った場合のプラスアルファ」のところを、支部長や精舎の館長が知っているかどうか、分かりませんが、知らない可能性は極めて高いのです。

長くなると、どこであっても、安心し切っているところは、たくさんあるわけですが、「新しい挑戦《ちょうせん》」というものは、いろいろなところで常に起きてきているのです。

「倒産《とうさん》」という恐怖《きょうふ》があるから、努力せざるをえない

個人企業《きぎょう》的に、いろいろな発想を持っていたような人が、その発想が出なくなり、指示を待つようになってしまうと、いつの間にか、シロアリに食われている

ような状態になります。それは、床下《ゆかした》の柱のところが、かなり腐《くさ》ってきているのに、それが分からないで、「家は永遠に建ち続けるものだ」と思っているような場合です。

そういうときに、潰れることがあるのです。これは、本当に耳に痛い話です。

私は、「倒産《とうさん》は悪だ」とは思っています。資本主義の自由経済のなかで、競争をたくさんして、いろいろな会社や店が潰れていく姿を、現実に目《ま》の当たりにしているので、「いやあ、厳しいなあ」と、本当に、つくづく思うのです。

しかし、「厳しいなあ」と思いつつも、このように、「店が潰れては、新しいものが入る」ということが、やはり、街全体を活性化し、住んでいる住民等のニーズに応《こた》えていくことになっているので、「全体的には、よくなっているのだな」と思います。

「倒産」という恐怖《きょうふ》があるから、やはり、努力せざるをえないのです。怠《なま》け者には、この〝薬〟がいちばん効きます。

「やはり、努力をしなければいけないのだ」ということを、常々、感じるのです。

上に立つ者は「耳に痛いこと」に耐《た》え、打開策を考えよ

今回の法話では、「個人としての差別化を図《はか》れ」ということを言いました。

次に、「企業家精神、すなわち、個人企業家、社内企業家としての精神を持て」とも言いましたし、それから、「同業他社への市場《しじょう》調査も行え」とも言いました。

さらには、そのなかで、「勘《かん》を磨《みが》け。勘が狂《くる》っていたら駄目ですよ」ということも言いました。

「これは危ない」とか、「これは行ける」とかいう勘を磨いていき、それを的確に経営情報にしていくことが大事です。そのことは、やはり言っておかなくては

なりません。

また、勘を磨く以前の問題として、「クレーム処理」についても言いました。

例えば、お客さんの機嫌《きげん》とか、好き嫌《きら》いとか、そういう、いろいろなものを感じ取るレベルなら、勘と言えますが、「明確にクレームが出ているのに、それを処理しなかった」という場合には、これは勘のレベルではないのです。

「クレームが出ている」ということは、もうすでに危ないのであり、「倒産の序曲」なのです。クレームに対しては、やはり、対応策を練らなければいけません。

クレームが出たこととの改善をしていくだけでも、同じ業種の他の店との差別化は十分にできますし、サービスも改善できますし、社業としてやるべきことが明確になってきます。

「クレームの処理」は、やはり、やらなくてはいけないのです。

そのためには、上に立つ者が、その「耳に痛いこと」に耐《た》えられなくてはいけません。それには努力が要《い》りますが、厳しいものです。

自分は上の立場にいて、給料を多くもらっているのに、「こんなにひどい状態ですよ」などと言われると、カクッときます。現実に、そのとおりです。本当にカクッとくるのですが、やはり、その現実に直面し、打開策を考えなくてはいけないのです。

それを上に立つ者が自分一人では考えられない場合には、ほかの人にも考えていただかなくてはなりません。たくさんの人が考えれば、何か智慧《ちえ》が出てくることは必ずあるのです。そのへんをよく考えなければいけないのではないかと思います。

違《ちが》った段階に来たときの〝新しい武器〟があるか

それから、もう一つ、知っておかなくてはいけないことがあります。

時代は、どんどん流れていき、変わっていきます。「自分は、このやり方で成功した」と思っている成功哲学《てつがく》を、誰しも持っているのですが、その成功哲学も、やはり流動化していきます。これに対する恐怖心を持っていていただきたいのです。

長年やってきて、「これで成功してきた」と思っているものがあるでしょうし、確かにそのとおりのものもあると思います。しかし、「それで失敗するものもある」ということです。

このへんの見抜《みぬ》き方は知らなくてはいけません。常に、「古くなる危機」というか、「古くなって、要らなくなって、無用化されていく危機」は、どの会社にも、どの店にも、どんな個人的な仕事にもありうるのです。

例えば、建築現場でツルハシを振《ふ》るっている人の場合、ブルドーザー一台に入られただけで、十人ぐらいが、あっという間にいなくなる可能性はあるわけですから、これは、やはり怖《こわ》いことです。

「自分には、古くなったり、無用化したり、要らなくなったりすることがある」ということを知り、そうした恐怖を持っていたほうがよいのです。サバイバルするためには、やはり、そういう事態を考えておかなくてはいけないわけです。

そして、「違《ちが》った段階に来たときの〝新しい武器〟があるかどうか」ということが大事です。「『万一《まんいつ》、今の仕事ができなくなっても、この仕事なら、まだできる』という部分で、何か能力を開発しているかどうか。能力を磨いているかどうか」ということは大事ですし、その開発には時間がかかると思うのです。

〝まだ日が高いうちに夜の準備をする〟のは、大変なことではあろうとは思いますが、「やはり、磨いておかねばならん」ということです。

「現状維持《いじ》は即脱落《そくだつらく》」と考え、「次に必要とされる能力」を磨《みが》く

私が会社を辞《や》めて幸福の科学を始めるとき、だいたい、「説法《せっぽう》一つで団体を運営していこう」というようなことが成り立つかどうか、やってみないと分かりませんでした。

最初は公会堂などで講演会等をやっていたのですが、会場を十万円台前後で貸してもらえたので、参加者に一人千円ぐらい払《はら》ってもらえば、赤字は出ず、何とかギリギリで行けていました。

ただ、「本当に、毎年毎年、これで回転していくのだろうか。今年来てくれた人が、来年来てくれなかったら、どうなるのだろうか」という恐怖はありました。その点では、お店と同じです。

「今年は、千人ぐらい収容の公会堂で、五回ぐらい講演を聴《き》いてくれた。来年、

来てくれなかったら、どうなるのだろうか」ということを考えると、やはり、とても怖い思いをしたのです。

千人ぐらいが来てくれて、千円ぐらいを取れば、百万円程度にはなるので、公会堂の借り賃は払えますし、テープなり、本なり、冊子なり、会場で売るものが何かあって、多少でも売上があれば、黒字は出るので、運営としては成り立つのですが、大きなところを借りたり建てたりするほどのお金はなかったのです。

もう少し資金ストックがなければ、自前《じまえ》の建物も建たなかった状態でしたが、そういう状態で最初のうちは走っていました。「給料や家賃は払える」というレベルで、最初はずっと走っていたのです。

今から見れば、本当につまらない話に見えるかもしれませんが、次のようなこともありました。

あれは一九八九年ぐらいでしょうか。当時は、私一人が講演し、本も出していたのですが、弟子《でし》のほうに指導局というものができ、初めて〝作品〟ができたのです。

いろいろな本の、いろいろな要素を集めて項目《こうもく》別に編集し、テキストのようなものをつくって、通信添削《てんさく》のようなものをつくり出しました。それで、添削して返すようなことを行い、一千五百万円ぐらい収入をあげたことがあったのです。

そして、「弟子の働きで、一千五百万円、収入があがった。これで夏の〝ボーナス〟が少しは払える」と言っていました（笑）。小さい話ですが、こんなことを、みんなで喜んでいたときもあるのです。

それは当会の職員数が五十人程度のころですが、今は、そんなレベルでは、とても、もちません。

「打った手は常に古くなり、駄目になっていく。じっと現状維持《いじ》をしていたら、必ず脱落《だつらく》していき、駄目になるのだ」ということは、知っていなくてはなりません。

「現状維持は即《そく》脱落なのだ」と思い、「次のステージ、次に来るものは何であるか。次に必要とされる能力は何であるか」ということを考え、その能力を常に磨《みが》いておかなければ駄目なのです。

「転職」や「起業」の際に使える、明日《あす》の〝武器〟をつくっていく

私も、会社を退職して独立したのはいいけれども、教団をつくるお金がありませんでしたし、その運営ノウハウを確立するまでには、少し時間がかかりました。霊言集《れいげんしゅう》は出ていたのですが、実は私の収入にはなっていませんでした。父の名前をメインに出していたので、あちらのほうの収入になっていたのです。

ところが、郷里《きょうり》で、父が、私の兄と一緒《いっしょ》に学習塾《じゅく》を始めたため、霊言集からの収入は、そちらの赤字補填《ほてん》に使われてしまい、幸福の科学の〝資本金〟にはま

ったくならない状態だったのです（笑）。当時の私には収入がまったくないので、本当に困りました。そういう状態で始めたのです。

会社を辞めるときには、「最悪の場合、どうやって生きていくかな」と考えました。

「何をして食べていくか」ということは、これから転職を考えている人や、すでに失業中の人にとっては、非常に重要な問題だとは思います。

会社を離《はな》れると、業務知識のようなものとも、だんだん疎遠《そえん》になってくるので、使えなくなりますし、そもそも、それをほかの会社で十分に使えるかどうか、分からないのです。

英語については少し勉強したことがあるので、「何かのときには、英語でも使って、やるしかないかな」と思い、恥《は》ずかしながら、会社を辞めるころにも、英語を勉強し直したりしました。そういう時期も一時期あったりしたのですが、本当に怖いものです。

今のように教団が大きくなることについて、本当に確信を持っていたら、もう少し堂々としていたのでしょうが、「天の声」は聞こえてはくるものの、お金は降ってこないのです。これについては、しかたがありません。

高級諸霊《しょれい》は、インスピレーション的に、いろいろなことを教えてはくださるのですが、一万円札は降ってこないのです（笑）。日銀券がビニールパックに入って、一億円、ドンと落ちてきたりは絶対にしません。何かの活動をしないかぎり、お金は入ってこないのです。

「天の声」は「天の声」としてあっても、やはり、「この世でやるべきことをやらないかぎり、駄目だ」ということではありました。

そういう意味では、英語の勉強をし直したりもしましたが、それ以外の知識、宗教に関する知識や経営に対する知識など、いろいろなものについての勉強もしました。

ですから、現在、閑職《かんしょく》にいる方もいると思いますし、会社を辞める前の段階や、すでに辞めて、今は失業中の段階であり、奥《おく》さんの代わりに主夫《しゅふ》をしている男性も大勢いると思うのですが、そういう段階で、次の〝武器〟として、転職のときの〝武器〟になるようなものや、何かを起業しても使えるような〝武器〟をつくっていくことは、非常に大事なことではないかと思います。

希望学的には、マルクス経済学風に、政府の「格差が開くやり方」のようなものを批判する考えがとても多いのですが、それだけを言っていても、最終的には埒《らち》は明かないと私は思います。

実際、収入をあげて成功しておられる方には、やはり、それだけのものが何かあると思うのです。

政府の強制力で税金をかけ、強制的に「所得の再分配」をして、お金のない人に撒いてくれるのは、まことにありがたいことではあるのですが、いつまでも、それにすがっていてはよくありません。

失業したあと、収入をあげられるようになるまでの間に、そういうお世話があることはありがたいですが、私が言いたいのは、やはり、「自分なりの〝武器〟を磨いていけ。『明日《あす》の〝武器〟をつくる』ということを常に考えておけ」ということです。

時代は過ぎ去っていき、自分は必ず古くなります。「そのときに生き残れるかどうか」ということを自問自答し、「一年後、五年後、十年後、いったい、どのような〝武器〟があれば、まだ生き延びていけるのか」ということを、やはり考えなくてはいけないのです。

新たな挑戦《ちょうせん》を続け、いつも必要となる人材であれ

「今までのものを守りたい」という気持ちもあるでしょう。しかし、それだけだったら、潰れるかもしれないのです。

例えば、もう何百年も続いている、「とらや」という羊羹屋《ようかんや》があります。「とらや」は、メインの本店のようなところでは、従来の「とらや」のやり方を変えず、（左から読むと）「やらと」と書いた暖簾《のれん》をかけて、営業しています。

しかし、ほかの喫茶店《きっさてん》などとの競争に敗れる可能性は当然あるので、洋風カフェのような店も、別に開いています。そして、実験的に、洋風の羊羹や、アンパンの変形のようなものの商売をしています。

ブランドを分け、リスクを減らしながら、新しいチャレンジをするようなことをやってはいるのです。

そういうことは、ほかのところについても言えるのではないかと思います。

今までの大事なブランド、老舗《しにせ》として守っていたブランドの部分については、守り続けなくてはいけないところもあるのですが、「新たな挑戦《ちょうせん》」の部分も、いつも持っていないといけないわけです。「新規に行うものが何もない」という状態では、もし、お客様の趣味《しゅみ》・嗜好《しこう》が変わった場合、終わりになることがあります。それを知っていなくてはいけないのです。

最終的に言うと、「いつも必要となる人材であれ」ということですし、お店や会社であれば、「いつも必要となるお店であり、いつも必要となる会社であるためには、どうしたらよいか」ということを問い続けることが必要です。

これが、「希望の経済学」につながっていくものだと私は考えています。

6 「希望の経済学」のなかに「霊的《れいてき》なユートピア論」を

今日は、「ミクロの視点」から「希望学」を見直してみました。

マルクス主義的な文献《ぶんけん》としては、エルンスト・ブロッホという哲学者《てつがくしゃ》が、『希望の原理』という厚い本を六冊（白水《はくすい》・iクラシックス）も出しています。

私も読みましたが、内容的には、私の著書『黄金の法』（幸福の科学出版刊）に出てくるような人が大勢出てきて、その人たちのユートピア論も数多く出てきます。そして、「マルクス哲学からは、そのユートピア系の思想家たちが、どう見えるか」というのが書いてはあるのですが、霊的《れいてき》になってきたり、あの世を信じる目がすごく強く出てきたりするものについては、だいたい、ヒトラーのナチズムに近づいていくような捉《とら》え方をしているのです。

その本の著者は、「霊的で宗教的になってくると、その思想はナチズムに近い」というような考え方を取っているようなので、「なるほど。ユートピア思想を、そのように捉える場合もあるのだな」と思いました。

この場合の〝ユートピア思想〟は、唯物論《ゆいぶつろん》的に、「この世限りで、よくなっていく」ということを、基本的には考えているのでしょう。

この源流としては、おそらく、ベンサムの「最大多数の最大幸福」という考え方もあると思います。

この考え方には、私のほうも、基本的には賛成なのですが、もし、「この世限り」ということであれば、「この世限りの物資の流通が、うまく最大多数の最大幸福になるようにしなくてはならない。税金や物資の配布が、そうなるように考えるべきだ」という考え方にもなるでしょう。

ベンサム自体は、ある意味で、古代ギリシャ時代のエピクロスの「快楽説」の焼き直しで、「幸福計算」ということを始めました。ベンサムは、「幸福は数字で計算できる」というようなことを考えたとも言われています。

そういう「計算できる面」も、近現代の政治経済にはあるとは思いますし、ベンサムのそうした考え方が、全部、否定されるわけではありませんが、それが、最終的には、「精神的なものから完全に離《はな》れていく」というかたちになると、やはりマイナスになるのではないかと考えています。

「希望の経済学」のなかに、もう一段精神的な、霊的な志《こころざし》や熱意、「世の中をよくしていきたい」という意味での「ユートピア論」を込《こ》め、そうしたかたちで、力強く押《お》していけるようなものになりたいと考えています。

あとがき

私の「希望の経済学」は、左翼的な欲求不満の経済学ではない。政府批判さえしておればお金（補助金）が出てくるという、マスコミ経済学でもない。ましてや被害妄想と嫉妬心の体系である「マルクス経済学」でもない。

各人を創造的人間に変えることで、未来を拓《ひら》く、希望の経済学である。

厳しい時代を乗り越える個人と組織の「サバイバル戦略」である。

どんな大不況期にも生き延びる企業はある。同じように、消費税が5%から8%、10%に上がっても、必ずサバイバルする個人も、店も、企業もあるのだ。

マクロのレベルで制度の改悪に反対することは大事である。しかし、ミクロのレベルでは、生き残る道は無限にあることを知ってほしい。この一冊が必ずや、あなた個人と、あなたのお店を護《まも》ることだろう。

二〇一四年　九月二十六日

幸福《こうふく》の科学《かがく》グループ創始者兼総裁《そうししゃけんそうさい》
幸福《こうふく》の科学大学創立者《かがくだいがくそうりつしゃ》　大川隆法《おおかわりゅうほう》

『希望の経済学入門』大川隆法著作関連書籍

『黄金の法』（幸福の科学出版刊）
『忍耐の法』（同右）
『経営入門』（同右）
『危機突破の社長学』（同右）
『「経営成功学」とは何か』（同右）
『忍耐の時代の経営戦略』（同右）
『経営が成功するコツ』（同右）
『不況に打ち克つ仕事法』（同右）
『サバイバルする社員の条件』（同右）

希望《きぼう》の経済学入門《けいざいがくにゅうもん》

――生きていくための戦いに勝つ――

2014年10月 1 日　初版第 1 刷

著　者　　大《おお》 川《かわ》 隆《りゅう》 法《ほう》

発行所　　幸福の科学出版株式会社

〒107-0052 東京都港区赤坂 2 丁目 10 番 14 号
TEL(03)5573-7700
http://www.irhpress.co.jp/

印刷・製本　株式会社 東京研文社

落丁・乱丁本はおとりかえいたします

ISBN978-4-86395-558-5 C0030

大川隆法シリーズ・**最新刊**

「イン・ザ・ヒーローの世界へ」
―俳優・唐沢寿明の守護霊トーク―

実力派人気俳優・唐沢寿明は、売れない時代をどう乗り越え、成功をつかんだのか。下積みや裏方で頑張る人に勇気を与える〝唐沢流〟人生論。

1,400円

幸田露伴かく語りき
スピリチュアル時代の＜努力論＞

努力で破れない運命などない！ 電信技手から転身し、一世を風靡した明治の文豪が語る、どんな環境をもプラスに転じる「成功哲学」とは。

1,400円

宗教学者「X」の変心
「悲劇の誕生」から「善悪の彼岸」まで

かつて、オウム教を擁護し、幸福の科学を批判したX氏。その後、新宗教への評価はどう変わったのか。X氏の守護霊がその本心を語った。

1,400円

※表示価格は本体価格（税別）です。

幸福の科学「大学シリーズ」・最新刊

大学生からの超高速回転学習法

人生にイノベーションを起こす新戦略

試験、語学、教養、専門知識……。限られた時間のなかで、どのように勉強すれば効果が上がるのか？ 大学生から社会人まで、役立つ智慧が満載！

1,500円

ロケット博士・糸川英夫の独創的「未来科学発想法」

航空宇宙技術の開発から、エネルギー問題や国防問題まで、「逆転の発想」による斬新なアイデアを「日本の宇宙開発の父」が語る。

1,500円

大川真輝の「幸福の科学 大学シリーズ」の学び方

大川真輝著

幸福の科学総裁の次男であり、21歳の現役大学生である大川真輝が、「大学シリーズ」60冊の「読み方」をテーマごとに分かりやすく解説！

1,300円

幸福の科学出版

大川隆法ベストセラーズ・幸福の科学「大学シリーズ」

プロフェッショナルとしての国際ビジネスマンの条件

実用英語だけでは、国際社会で通用しない! 語学力と教養を兼ね備えた真の国際人をめざし、日本人が世界で活躍するための心構えを語る。

1,500円

経営の創造

新規事業を立ち上げるための要諦

才能の見極め方、新しい「事業の種」の探し方、圧倒的な差別化を図る方法など、深い人間学と実績に裏打ちされた「経営成功学」の具体論が語られる。

2,000円

経営が成功するコツ

実践的経営学のすすめ

付加価値の創出、マーケティング、イノベーション、人材育成……。ゼロから事業を起こし、大企業に育てるまでに必要な「経営の要諦」が示される。

1,800円

「実践経営学」入門

「創業」の心得と「守成」の帝王学

「経営の壁」を乗り越える社長は、何が違うのか。経営者が実際に直面する危機への対処法や、成功への心構えを、Q & Aで分かりやすく伝授する。

1,800円

※表示価格は本体価格(税別)です。

大川隆法ベストセラーズ・幸福の科学「大学シリーズ」

「経営成功学の原点」としての松下幸之助の発想

「商売」とは真剣勝負の連続である！「ダム経営」「事業部制」「無借金経営」等、経営の神様・松下幸之助の経営哲学の要諦を説き明かす。

1,500 円

財務的思考とは何か

経営参謀としての財務の実践論

資金繰り、投資と運用、外的要因からの危機回避……。企業の命運は「財務」が握っている！ ドラッカーさえ知らなかった「経営の秘儀」が示される。

3,000 円

危機突破の社長学

一倉定の「厳しさの経営学」入門

経営の成功とは、鍛え抜かれた厳しさの中にある。生前、5000 社を超える企業を立て直した、名経営コンサルタントの社長指南の真髄がここに。

1,500 円

イノベーション経営の秘訣

ドラッカー経営学の急所

わずか二十数年で世界百カ国以上に信者を持つ宗教組織をつくり上げた著者が、20 世紀の知的巨人・ドラッカーの「経営思想」の勘所を説き明かす。

1,500 円

幸福の科学出版

大川隆法 ベストセラーズ・ビジネスパーソンに贈る

サバイバルする社員の条件
リストラされない幸福の防波堤

能力だけでは生き残れない。不況の時代にリストラされないためのサバイバル術が語られる。この一冊が、リストラからあなたを守る!

1,400円

不況に打ち克つ仕事法
リストラ予備軍への警告

仕事に対する基本的な精神態度から、ビジネス論・経営論の本質まで。才能を開花させ、時代を勝ち抜くための一書。

2,200円

仕事と愛
スーパーエリートの条件

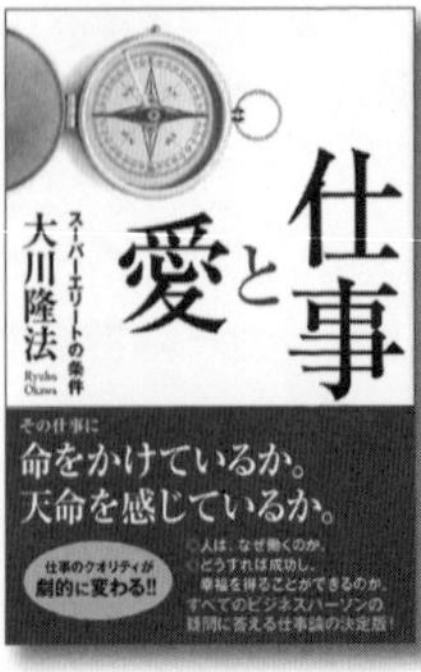

仕事と愛の関係、時間を生かす方法、真のエリートの条件——。仕事の本質と、具体的な方法論が解き明かされるビジネスマン必携の書。

1,800円

※表示価格は本体価格(税別)です。

大川隆法 ベストセラーズ・発展する企業を創る

智慧の経営

不況を乗り越える常勝企業のつくり方

豪華装丁
函入り

不況でも伸びる組織には、この8つの智慧がある──。26年で巨大グループを築き上げた著者の、智慧の経営エッセンスをあなたに。

10,000円

逆転の経営術

守護霊インタビュー ジャック・ウェルチ、カルロス・ゴーン、ビル・ゲイツ

豪華装丁
函入り

会社再建の秘訣から、逆境の乗りこえ方、そして無限の富を創りだす方法まで──。世界のトップ経営者3人の守護霊が経営術の真髄を語る。

10,000円

忍耐の時代の経営戦略

企業の命運を握る３つの成長戦略

豪華装丁
函入り

2014年以降のマクロ経済の動向を的確に予測！ これから厳しい時代に突入する日本において、企業と個人がとるべき「サバイバル戦略」を示す。

10,000円

※表示価格は本体価格（税別）です。

Noblesse《ノーブレス》 Oblige《オブリージ》 「高貴なる義務」を果たす、「真のエリート」を目指せ。

幸福の科学学園
中学校・高等学校（那須本校）

Happy Science Academy Junior and Senior High School

「私は、
教育が人間を創ると
信じている一人である。
若い人たちに、
夢とロマンと、精進、
勇気の大切さを伝えたい。
この国を、全世界を、
ユートピアに変えていく力を
出してもらいたいのだ。」

（幸福の科学学園 創立記念碑より）

幸福の科学学園 創立者
大川隆法

幸福の科学学園（那須本校）は、幸福の科学の教育理念のもとにつくられた、男女共学、全寮制の中学校・高等学校です。自由闊達な校風のもと、「高度な知性」と「徳育」を融合させ、社会に貢献するリーダーの養成を目指しており、2014年4月には開校四周年を迎えました。

Noblesse《ノーブレス》 Oblige《オブリージ》

「高貴なる義務」を果たす、
「真のエリート」を目指せ。

2013年 春 開校

幸福の科学学園
関西中学校・高等学校

Happy Science Academy
Kansai Junior and Senior High School

私は日本に
真のエリート校を創り、
世界の模範としたい
という気概に満ちている。
『幸福の科学学園』は、
私の『希望』であり、
『宝』でもある。
世界を変えていく、
多才かつ多彩な人材が、
今後、数限りなく
輩出されていくことだろう。
（幸福の科学学園関西校 創立記念碑より）

幸福の科学学園 創立者
大川隆法

滋賀県大津市、美しい琵琶湖の西岸に建つ幸福の科学学園（関西校）は、男女共学、通学も入寮も可能な中学校・高等学校です。発展・繁栄を校風とし、宗教教育や企業家教育を通して、学力と企業家精神、徳力を備えた、未来の世界に責任を持つ「世界のリーダー」を輩出することを目指しています。

幸福の科学学園・教育の特色

「徳ある英才」の創造

教科「宗教」で真理を学び、行事や部活動、寮を含めた学校生活全体で実修して、ノーブレス・オブリージ(高貴なる義務)を果たす「徳ある英才」を育てていきます。

体育祭

天分を伸ばす「創造性教育」

教科「探究創造」で、偉人学習に力を入れると共に、日本文化や国際コミュニケーションなどの教養教育を施すことで、各自が自分の使命・理想像を発見できるよう導きます。さらに高大連携教育で、知識のみならず、知識の応用能力も磨き、企業家精神も養成します。芸術面にも力を入れます。

探究創造科発表会

一人ひとりの進度に合わせた「きめ細やかな進学指導」

熱意溢れる上質の授業をベースに、一人ひとりの強みと弱みを分析して対策を立てます。強みを伸ばす「特別講習」や、弱点を分かるところまでさかのぼって克服する「補講」や「個別指導」で、第一志望に合格する進学指導を実現します。

授業の様子

自立心と友情を育てる「寮制」

寮は、真なる自立を促し、信じ合える仲間をつくる場です。親元を離れ、団体生活を送ることで、縦・横の関係を学び、力強い自立心と友情、社会性を養います。

毎朝夕のお祈りの時間

幸福の科学学園の進学指導

1 英数先行型授業

受験に大切な英語と数学を特に重視。「わかる」(解法理解)まで教え、「できる」(解法応用)、「点がとれる」(スピード訓練)まで繰り返し演習しながら、高校三年間の内容を高校二年までにマスター。高校二年からの文理別科目も余裕で仕上げられる効率的学習設計です。

2 習熟度別授業

英語・数学は、中学一年から習熟度別クラス編成による授業を実施。生徒のレベルに応じてきめ細やかに指導します。各教科ごとに作成された学習計画と、合格までのロードマップに基づいて、大学受験に向けた学力強化を図ります。

3 基礎力強化の補講と個別指導

基礎レベルの強化が必要な生徒には、放課後や夕食後の時間に、英数中心の補講を実施。特に数学においては、授業の中で行われる確認テストで合格に満たない場合は、できるまで徹底した補講を行います。さらに、カフェテリアなどでの質疑対応の形で個別指導も行います。

4 特別講習

夏期・冬期の休業中には、中学一年から高校二年まで、特別講習を実施。中学生は国・数・英の三教科を中心に、高校一年からは五教科でそれぞれ実力別に分けた講座を開講し、実力養成を図ります。高校二年からは、春期講習会も実施し、大学受験に向けて、より強化します。

5 幸福の科学大学(仮称・設置認可申請中)への進学

二〇一五年四月開学予定の幸福の科学大学への進学を目指す生徒を対象に、推薦制度を設ける予定です。留学用英語や専門基礎の先取りなど、社会で役立つ学問の基礎を指導します。

授業の様子

仏法真理塾

サクセスNo.1

未来の菩薩を育て、仏国土ユートピアを目指す！

サクセスNo.1 東京本校（戸越精舎内）

仏法真理塾「サクセスNo.1」とは

宗教法人幸福の科学による信仰教育の機関です。信仰教育・徳育にウエイトを置きつつ、将来、社会人として活躍するための学力養成にも力を注いでいます。

「サクセスNo.1」のねらいには、「仏法真理と子どもの教育面での成長とを一体化させる」ということが根本にあるのです。

大川隆法総裁　御法話「『サクセスNo.1』の精神」より

仏法真理塾「サクセスNo.1」の教育について

信仰教育が育む健全な心

御法話拝聴や祈願、経典の学習会などを通して、仏の子としての「正しい心」を学びます。

学業修行で学力を伸ばす

忍耐力や集中力、克己心を磨き、努力によって道を拓く喜びを体得します。

法友との交流で友情を築く

塾生同士の交流も活発です。お互いに信仰の価値観を共有するなかで、深い友情が育まれます。

●サクセスNo.1は全国に、本校・拠点・支部校を展開しています。

東京本校	TEL.03-5750-0747	FAX.03-5750-0737	
名古屋本校	TEL.052-930-6389	FAX.052-930-6390	
大阪本校	TEL.06-6271-7787	FAX.06-6271-7831	
京滋本校	TEL.075-694-1777	FAX.075-661-8864	
神戸本校	TEL.078-381-6227	FAX.078-381-6228	
西東京本校	TEL.042-643-0722	FAX.042-643-0723	
札幌本校	TEL.011-768-7734	FAX.011-768-7738	
福岡本校	TEL.092-732-7200	FAX.092-732-7110	
宇都宮本校	TEL.028-611-4780	FAX.028-611-4781	
高松本校	TEL.087-811-2775	FAX.087-821-9177	
沖縄本校	TEL.098-917-0472	FAX.098-917-0473	
広島拠点	TEL.090-4913-7771	FAX.082-533-7733	
岡山本校	TEL.086-207-2070	FAX.086-207-2033	
北陸拠点	TEL.080-3460-3754	FAX.076-464-1341	
大宮本校	TEL.048-778-9047	FAX.048-778-9047	
仙台拠点	TEL.090-9808-3061	FAX.022-781-5534	
熊本拠点	TEL.080-9658-8012	FAX.096-213-4747	

全国支部校のお問い合わせは、サクセスNo.1東京本校（TEL. 03-5750-0747）まで。

メール info@success.irh.jp

エンゼルプランV

信仰教育をベースに、知育や創造活動も行っています。

信仰に基づいて、幼児の心を豊かに育む情操教育を行っています。また、知育や創造活動を通して、ひとりひとりの子どもの個性を大切に伸ばします。お母さんたちの心の交流の場ともなっています。

TEL 03-5750-0757　FAX 03-5750-0767
メール angel-plan-v@kofuku-no-kagaku.or.jp

ネバー・マインド

不登校の子どもたちを支援するスクール。

「ネバー・マインド」とは、幸福の科学グループの不登校児支援スクールです。「信仰教育」と「学業支援」「体力増強」を柱に、合宿をはじめとするさまざまなプログラムで、再登校へのチャレンジと、進路先の受験対策指導、生活リズムの改善、心の通う仲間づくりを応援します。

TEL 03-5750-1741　FAX 03-5750-0734
メール nevermind@happy-science.org

ユー・アー・エンゼル！（あなたは天使！）運動

障害児の不安や悩みに取り組み、ご両親を励まし、勇気づける、障害児支援のボランティア運動です。学生や経験豊富なボランティアを中心に、全国各地で、障害児向けの信仰教育を行っています。保護者向けには、交流会や、医療者・特別支援教育者による勉強会、メール相談を行っています。

TEL 03-5750-1741　FAX 03-5750-0734
メール you-are-angel@happy-science.org

シニア・プラン21

生涯反省で人生を再生・新生し、希望に満ちた生涯現役人生を生きる仏法真理道場です。週1回、開催される研修には、年齢を問わず、多くの方が参加しています。現在、全国8カ所（東京、名古屋、大阪、福岡、新潟、仙台、札幌、千葉）で開校中です。

東京校 TEL 03-6384-0778　FAX 03-6384-0779
メール senior-plan@kofuku-no-kagaku.or.jp

入 会 の ご 案 内

あなたも、幸福の科学に集い、
ほんとうの幸福を
見つけてみませんか？

幸福の科学では、大川隆法総裁が説く仏法真理をもとに、
「どうすれば幸福になれるのか、また、
他の人を幸福にできるのか」を学び、実践しています。

入会

大川隆法総裁の教えを信じ、学ぼうとする方なら、どなたでも入会できます。入会された方には、『入会版「正心法語」』が授与されます。（入会の奉納は1,000円目安です）

ネットでも**入会**
できます。詳しくは、
下記URLへ。
happy-science.jp/joinus

三帰《さんき》誓願《せいがん》

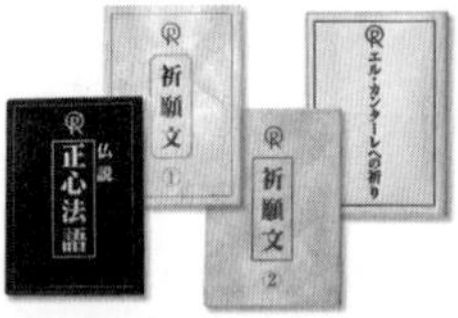

仏弟子としてさらに信仰を深めたい方は、仏・法・僧の三宝への帰依を誓う「三帰誓願式」を受けることができます。三帰誓願者には、『仏説・正心法語』『祈願文①』『祈願文②』『エル・カンターレへの祈り』が授与されます。

植福《しょくふく》の会

植福は、ユートピア建設のために、自分の富を差し出す尊い布施の行為です。布施の機会として、毎月1口1,000円からお申込みいただける、「植福の会」がございます。

「植福の会」に参加された方のうちご希望の方には、幸福の科学の小冊子（毎月1回）をお送りいたします。詳しくは、下記の電話番号までお問い合わせください。

月刊
「幸福の科学」

ザ・伝道

ヤング・ブッダ

ヘルメス・
エンゼルズ

INFORMATION
幸福の科学サービスセンター
TEL. **03-5793-1727**（受付時間 火〜金：10〜20時／土・日：10〜18時）
宗教法人 幸福の科学 公式サイト **happy-science.jp**